D1753424

EDELSÜSS UND ROSENSCHARF

Rita Kopp
Edelsüß und Rosenscharf

THORBECKE

Die Welt der alten Gewürze

Bibliografische Information der Deutschen
Bibliothek
Die Deutsche Bibliothek verzeichnet diese
Publikation in der Deutschen Nationalbibliografie; detaillierte bibliografische Daten
sind im Internet über http://dnb.ddb.de
abrufbar.

© 2005 by Jan Thorbecke Verlag
der Schwabenverlag AG, Ostfildern
www.thorbecke.de · info@thorbecke.de

Alle Rechte vorbehalten. Ohne schriftliche
Genehmigung des Verlages ist es nicht
gestattet, das Werk unter Verwendung mechanischer, elektronischer und anderer Systeme
in irgendeiner Weise zu verarbeiten und zu
verbreiten. Insbesondere vorbehalten sind
die Rechte der Vervielfältigung – auch von
Teilen des Werkes – auf photomechanischem
oder ähnlichem Wege, der tontechnischen
Wiedergabe, des Vortrags, der Funk- und
Fernsehsendung, der Speicherung in Datenverarbeitungsanlagen, der Übersetzung und
der literarischen oder anderweitigen
Bearbeitung.

Dieses Buch ist aus alterungsbeständigem
Papier nach DIN-ISO 9706 hergestellt.
Gestaltung: Finken & Bumiller, Stuttgart
Gesamtherstellung: Jan Thorbecke Verlag,
Ostfildern
Printed in Germany · ISBN 3-7995-3515-2

Inhalt

Einleitung 6
Gewürze oder Von der kulturellen Einordnung des Eigenen und des Exotischen 6
Was Gewürze sind und wo sie herkommen 10
Aromen aus aller Welt 14
Gewürze aufbewahren 16
Kräuter pflanzen, ernten und trocknen 17

Mittel- und Südamerika – Chili und Vanille 18
Münchner Milli-Rahmstrudel 30
Nordafrika – Minze und Harissa 32
Tabouleh 38
Spanien und Portugal – Rosmarin und Orange 40
Rossejat de fideus a la marinera 48
Frankreich – Trüffel und Lavendel 50
Tarte au citron 58
Italien – Salbei und Basilikum 60
Pesto alla Genovese 66
Osteuropa und Balkan – Paprika und Mohn 68
Salzstangen mit Kümmel 76
Naher Osten – Rose und Safran 78
Weinblätter mit Hackfleischfüllung 88
Ferner Osten – Ingwer und Zitronengras 90
Vietnamesisches Zitronengras-Süppchen mit Hähncheneinlage 100
Indien – Curry und Zimt 102
Lamm mit Kardamom 110

Bildnachweis 112

Einleitung

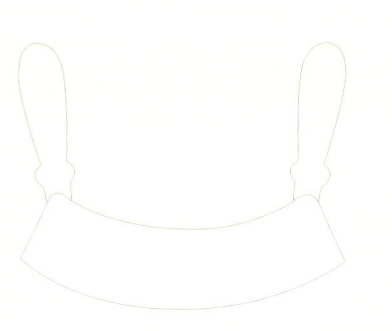

Duftende und wohlschmeckende Kräuter und Gewürze wurden wahrscheinlich schon vor Jahrtausenden verwendet. Vielleicht ist mit ihrem Gebrauch – für Speisen, Getränke, die Körperpflege, Arzneien oder kultische Zwecke – erst der eigentliche Beginn der Zivilisation anzusetzen. Das »richtige« Würzen ist das Geheimnis jeder Köchin wie auch jeder Nation. Ein Gewürz zu schmecken, kann Heimkehr oder Aufbruch in die Fremde bedeuten. Dieses Buch soll beides ermöglichen. Darüber hinaus lernt der interessierte Leser die Geschichte bestimmter Gewürze kennen und den Kulturkreis, aus dem diese kommen. Wen die Lektüre zu praktischem Tun anregt, der findet in den abgedruckten Rezepten die Möglichkeit, mit einigen Gewürzen und Kräutern selbst zu kochen und zu backen. Viel Freude beim Schwelgen in vorhandenen und erdachten Aromen!

Gewürze
oder Von der kulturellen Einordnung des Eigenen und des Exotischen

Es ist ein zutiefst menschliches Bestreben, lebensnotwendige und aus eben diesem Grund alltägliche Verrichtungen zu ritualisieren: Die Aufnahme von Nahrung, das Stillen des Durstes, die Notwendigkeit, dem Körper durch Kleidung Schutz vor Witterungseinflüssen zu geben – all diese Bedürfnisse haben über die Jahrtausende komplexe und sowohl geografisch als auch sozial sehr unterschiedliche Kulturformen hervorgebracht. So waren und sind bestimmte Kleidermoden Teil eines ganz bestimmten Bewusstseins und sagen aus – wenn auch in unseren Breiten weniger strikt –, ob der Träger Frau oder Mann, arm oder reich ist, sich jung oder alt fühlt, beruflichen Erfolg hat oder nicht, provozieren oder eher Understatement pflegen will.

Ähnliche historische und soziale Konstanten lassen sich beim Essen finden: Der Tag ist in allen Kulturen, so unterschiedlich sie sein mögen, durch die Anzahl der verschiedenen Mahlzeiten gegliedert. Überall auf der Welt werden

☞ Salz zählt zwar im strengeren Sinne nicht zu den Gewürzen, ist aber beim Kochen unentbehrlich.

Saltz.
Sal.

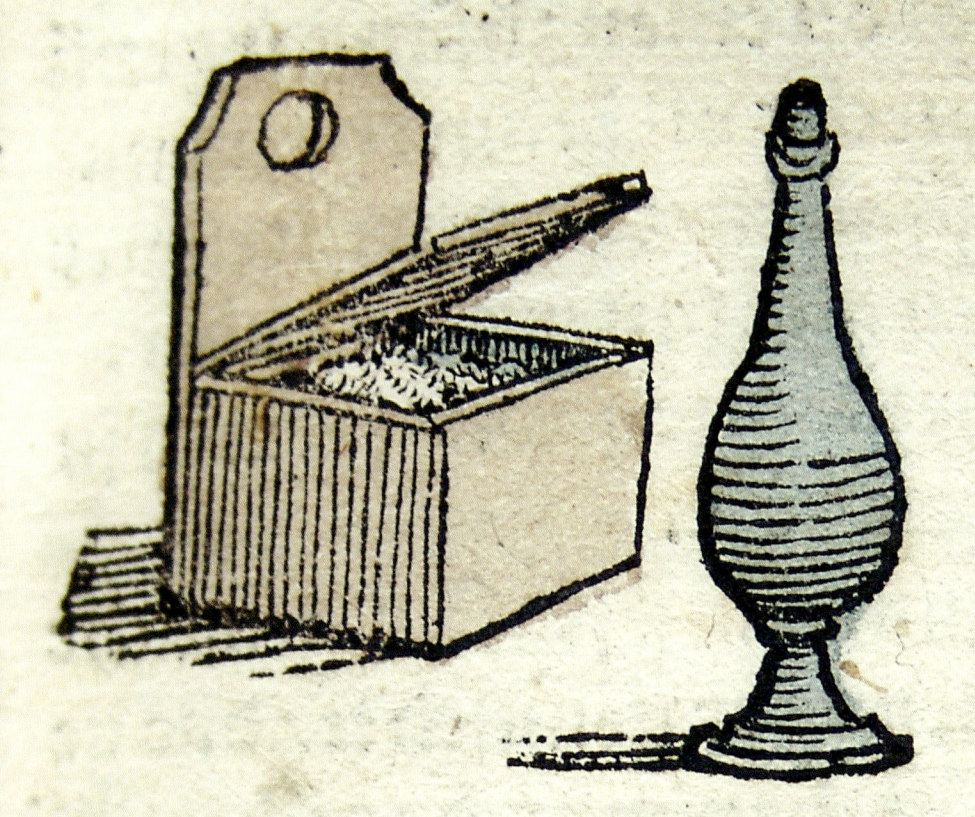

SAltz kompt auß den grůben/ vnd auß dem meer/ das auß den grůben kompt ist stercker/ vnnd das best ist das nit steyn hat die da durchsichtig sind. Aber von dē meersaltz ist das weiß das best/ auch so fin

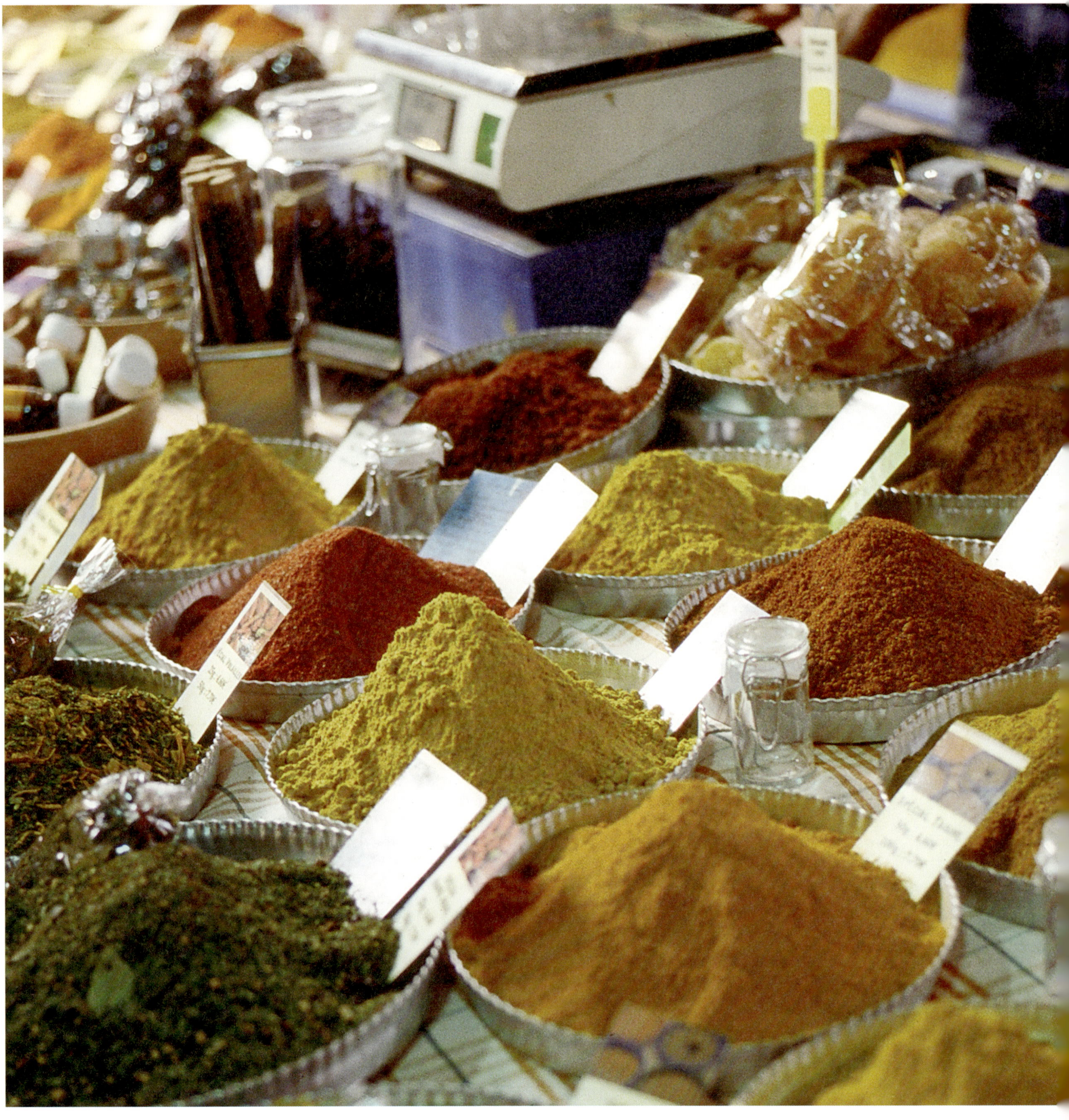

diese in traditionellen Gesellschaften immer noch gemeinschaftlich eingenommen. Auch wenn ein Tokioter Frühstück einem solchen an der Côte d'Azur sonst in nichts gleicht – hier wie dort isst man es in dem Bewusstsein, den Tag zu beginnen. In allen Kulturen existieren außerdem feste Vorstellungen von einer Alltagskost, der zumeist eine üppigere Festtagsküche gegenübersteht. Ebenso gibt es in allen menschlichen Gemeinschaften mehr oder weniger klare Übereinkünfte darüber, welche Essens- oder Trinkrituale sich vor Gästen geziemen.

Je ursprünglicher eine Gemeinschaft lebt, desto stärker greifen auch Zubereitungstraditionen oder gar -vorschriften; das kann eine besondere Schlachtung der Tiere bedeuten, wie zum Beispiel das Schächten in muslimischen Kulturen, welches ein völliges Ausbluten des Tierkörpers verlangt, oder die strenge Trennung von milch- und fleischhaltigen Produkten bei der Zubereitung koscheren Essens in orthodoxen jüdischen Familien. Es kann aber auch schlicht heißen, dass das Kochen den Frauen und heranwachsenden Mädchen obliegt, wie es selbst in Westeuropa bis weit in die Nachkriegsjahre hinein nicht anders denkbar war. Als Relikt einer alten ritterlichen Gepflogenheit ist es aber auch hier beispielsweise noch üblich, dass der Hausherr, besonders in seiner Rolle als offizieller Gastgeber, den Festbraten anschneidet.

Indem Gemeinschaften Speise*gebote* festlegen, bestimmen sie auch gleichzeitig über Nahrungs*tabus*. Beide sind nicht selten religiös begründet und führen zu einem starken gemeinschaftlichen Zusammenhalt. In verschiedenen Regionen der Welt haben sich deshalb ganz unterschiedliche Vorstellungen und Praktiken des guten und richtigen Essens entwickelt. Europäer sehen in aller Regel Haustiere wie zum Beispiel Hunde, Katzen oder Meerschweinchen nicht als Schlachttiere an; in China gelten Erstere als Leckerbissen, während man in Peru das letztgenannte Lieblingstier vieler europäischer Kinder gerne als Grillbraten verzehrt. Ein weltweiter Vergleich relativiert demnach absolute Ansprüche, ja gerade diejenigen Maßstäbe, die wir als Europäer bei einer »feinen«, zumindest aber »guten« Küche ansetzen. So ziehen viele Küchen – wie die chinesische, japanische oder die indische – ein viel breiteres Spektrum an Kriterien zur Gestaltung und Beurteilung von Speisen heran: *Konsistenz, Farbe, Geruch, Geschmack, Vorstellungen von »kühl« und »warm« sowie bestimmte Reinheitsgebote*. Es ist eine europäische Eigenheit, sich bei der Zubereitung und qualitativen Beurteilung beinahe ausschließlich auf den Geschmack zu konzentrieren. Dieser wird dann, fast naturwissenschaftlichen Kriterien folgend – süß, sauer, salzig oder bitter –, als selbständige Sinneswahrnehmung beschrieben.

Kategorisierungsversuche dieser Art finden sich bereits bei Aristoteles. Der antike Universalgelehrte ordnete die Geschmäcker dem Gegensatzpaar süß und bitter zu; vom ersten leitete er das Ölige und vom zweiten das Salzige ab, dazwischen legte er das Scharfe, das Herbe, das Stechende und das Saure. Erst Anthelme Brillat-Savarin, ein Franzose, gilt mit seinem 1824 erschienenen Werk *Physiologie des Geschmacks* als Begründer einer modernen Geschmackserforschung – mit dem Anspruch empirischer Nachvollziehbarkeit. Bei aller anatomisch-physiologischen Akribie, von der sein spätaufklärerisches Werk durchdrungen ist, erkannte Brillat-Savarin bereits, dass die Zahl der Geschmäcker eigentlich doch unbegrenzt ist. Dieser Gedanke könnte auch seiner Kritik am Adel geschuldet sein, der bis dahin ja den guten Geschmack – auch in Bezug auf Kleidung, Möbel, feine Manieren und Ähnliches – gleichsam gepachtet hatte.

1916 legte der Chemiker M. Henning dann die bis heute gültige Formel der vier – offenbar immer noch Aristoteles verpflichteten – reinen Geschmacksrichtungen fest: süß, sauer, salzig und bitter. Medizinische Untersuchungen neueren Datums haben in der Tat belegt, dass diese Empfindungen auf bestimmte Geschmackspapillen in bestimmten Abschnitten der Zungenschleimhaut zurückgehen: Demnach schmecken wir süß an der Zungenspitze, sauer am Zungengrund, salzig an den vorderen und bitter an den hinteren Zungenrändern. Doch gleichzeitig scheinen diese sinnesphysiologischen Studien auch zu belegen, dass sich zum einen manche Substanzen – beispielsweise Lakritz oder das in der chinesischen Kantonküche verwendete Umami (Glutamat) – nicht eindeutig einem Grundgeschmack zuordnen lassen; zum anderen hat die

☞ Früher kaufte man Gewürze je nach Bedarf lose im Kolonialwarenladen.

Lebensmittelindustrie für eine Vielzahl neuer Geschmacksstoffe gesorgt. Künstliche Süßstoffe haben unterschiedliche »Süßen«, die mitunter zwischen süß und sauer variieren können, je nach Situation und Proband.

Inzwischen weiß man, dass der Mensch zwischen tausend Geschmacksqualitäten unterscheiden kann. Es genügt aber nicht, die individuelle physiologische Reaktion auf einzelne Nahrungsmittel zu testen, sondern es sind ganze Geschmacksstrukturen, die ins Auge gefasst werden müssen. Bestimmte Zubereitungen und Geschmacksurteile sind Bestandteile eines gemeinsamen Bewusstseins und vermitteln das Gefühl einer gemeinsamen Identität – ob innerhalb einer Familie, eines Dorfes oder einer Nation. Dieses kulinarische Bewusstsein wird bereits in frühester Kindheit unserem Gedächtnis eingeschrieben. Ähnlich dem Erlernen einer Sprache lernt ein Kleinkind erst allmählich, seine Geschmacks- und Geruchssinne an der Norm, die seine nächste Umgebung vermittelt, auszurichten.

Diese Standardisierung der Geschmackswahrnehmung verläuft einerseits über das Würzen der Speisen, in einem erheblichen Maß aber auch über die Sprache. Experimente haben gezeigt, dass Menschen erhebliche Probleme haben, einen unbekannten Geschmack richtig einzuordnen. »Richtig« deutbar wird er erst durch wiederholtes Üben und Benennen – das wird jeder Migrant bestätigen und jeder europäische Weltenbummler, auch wenn er ganz bewusst die exotische Würze und Zubereitungsart fremdländischer Küchen sucht. Wie wichtig das zur Verfügung stehende Vokabular für die Beschreibung und daher auch für das Nachempfinden eines Geschmacks ist, kann nachvollziehen, wer Weinkennern beim Fachsimpeln über die qualitative Beschaffenheit eines Weins zuhört: »erdig«, »körperreich«, »cremige Süße« oder »Geruch nach Veilchenpastillen«.

Der Genuss eines Lebensmittels oder eines Getränkes vergrößert sich, wenn erst eine Ordnung gefunden ist, in die sich ihre Aromen einpassen lassen. Wir alle kennen die Redewendungen »Was der Bauer nicht kennt, isst er nicht« und bei einer Speise »auf den Geschmack kommen« – zwischen diesen beiden Stadien liegt immer auch ein langes kulturelles Training.

Zu den faszinierendsten Aspekten bei der Beurteilung von Speisen als fremd oder vertraut gehört der Umgang mit Gewürzen. Sie prägten vor Jahrhunderten die Küchen der verschiedenen sozialen Stände und schaffen auch hier eine hierarchische Ordnung. Heute stehen Gewürze eher für die unüberblickbare Vielfalt der Küchen dieser Welt und den dahinter stehenden kulinarischen Kanon. Gewürze sind sinnlich erfahrbar, indem sie Nase, Augen und Gaumen gleichermaßen ansprechen. Die derzeitige Verfügbarkeit fast aller nur denkbarer exotischer Gewürze in den Markthallen Europas – beobachtbar seit mehr als zehn Jahren – ermöglicht es, jederzeit in fremdländischen Aromen zu schwelgen, aber auch eigene, vielleicht längst vergessene Würztraditionen zu neuem Leben zu erwecken.

Was Gewürze sind und wo sie herkommen

Der Begriff »Gewürz« ist seit dem 15. Jahrhundert bezeugt und rein wortgeschichtlich eine Pluralbildung zu dem nur noch mundartlich gebrauchten »Wurz«. Dieses wiederum meint ein Kraut oder eine Pflanze, die in der Koch- und Heilkunst gleichermaßen Verwendung findet. Kräuter werden zwar immer wieder mit Gewürzen gleichgestellt, doch lässt sich der Unterschied zwischen beiden leicht erklären. Kräuter sind die Blätter von frischen oder getrockneten Pflanzen und Gewürze deren oft erst im getrockneten Zustand aromatische Teile: Knospen (getrocknete *Rosenknospen* in der marokkanischen Mischung *ras el hanout*), Früchte (*Vanille*), Samen (*Anis*), Beeren (*Pfeffer*), Stängel (*Angelika* in kandierter Form), Wurzeln (*Ingwer*), Rinde (*Zimt*) oder Staubgefäße (*Safran*). Die Grenzen zwischen beiden Gruppen sind nicht eng zu ziehen; beispielsweise ist der Koriander mit seinem frischen Grün und den aromatischen Samen Kraut und Gewürz zugleich. Allen gemeinsam sind Aromastoffe, die von alters her einzeln oder in Kombination mit anderen dazu dienen, Speisen zu würzen und dadurch schmackhafter zu machen. Salz zählt deshalb im strengen Sinn nicht zu den Gewürzen, obwohl es zur Geschmacksabrundung und für die

☞ Bereits im Mittelalter baute man Kräuter an und erfreute sich an deren Duft und Geschmack.

☞ Karawanen brachten die Gewürze aus dem Vorderen Orient bis in den Mittelmeerraum.

Aufrechterhaltung vieler menschlicher Körperfunktionen unentbehrlich ist.

Ein weiterer Faktor, der neben Salz und Gewürzen die besondere Geschmacksnuance einer bestimmten Regionalküche ausmacht, ist die spezielle Verwendung von Fetten. Dass sie die eigentlichen Aromaträger sind, wird im Zusammenhang mit Kräutern und Gewürzen leicht vergessen: So harmonieren die frischen Kräuternoten der mediterranen Küche am besten mit Olivenöl. Eine marokkanische Tagine schmeckt besonders, wenn die Köchin den dazu gereichten Couscous mit *smen* (geklärter Butter) abgeschmeckt hat. Auch die indische Küche kennt Formen der Haltbarmachung von Butter. Ein mit *ghee* zubereitetes Curry – wobei die Gewürze gleich zu Beginn des Garvorganges lange im Fett rösten – schmeckt gleich viel authentischer. In ebensolcher Weise unterstützt das häufig in Osteuropa benutzte Schweineschmalz den Geschmack der dortigen Küchen und das Sesamöl jenen der inzwischen in Westeuropa so beliebten asiatischen Wok-Küche. Was wäre schließlich die gehobene französische Küche mit ihren oft sehr aufwändigen à-la-minute-Soßen ohne die frische Butter aus der Normandie, mit der diese vorzugsweise gebunden werden?

Wie dem auch sei: Was wir an Gewürzen und Küchenkräutern so schätzen, ist deren geschmacksverbessernde und appetitanregende Wirkung: Sie beruht in vielen Fällen auf flüchtigen ätherischen Ölen. Aufgrund jener leichten Flüchtigkeit geben diese Substanzen den Speisen nicht nur einen angenehmen Geschmack, sondern auch einen verführerischen Duft. Da das Geschmacksempfinden des Menschen zum größten Teil von den Geruchseindrücken der Nase gesteuert wird, ist dieser Aspekt für die Würzkultur vieler Völker äußerst wichtig. In der indischen Küche mit ihrem bekanntlich verschwenderischen Hang zu Gewürzen, ist es zum Beispiel üblich, diese vor der Zubereitung jeder Mahlzeit frisch im Mörser zu zerstampfen. Nur so entfalten sie ihren betörenden Duft und damit ihre optimale Würzkraft.

Obwohl Gewürze nie für sich verzehrt werden, besitzen sie meist einen beträchtlichen Nährwert. Darüber hinaus regen einige durch die Bitterstoffe, die sie enthalten, den Appetit an, so Kräuterliköre, Rosmarin und Pomeranzenschalen. Andere setzt man als bewährte Hausmittel gegen Darmkrämpfe und Blähungen oder als Würze für Krankenkost ein: Kümmel, Fenchel, Selleriesamen oder Anis. Kümmel macht außerdem den an sich schwer verdaulichen Kohl bekömmlicher. Magen- und Darmträgheit können dagegen Speisen beheben, die scharfe Gewürze wie Pfeffer, Chili, Senf oder Essig enthalten. Zwiebeln und Knoblauch regen auf bewährte Weise die Gallenflüssigkeit an, besonders wenn man sie in roher Form zu sich nimmt. Zudem sagt man ihnen nach, dass sie verjüngend und blutreinigend wirken, da sie auf ihrem Weg durch den Körper schädlichen Bakterien entgegen wirken. Ebenfalls reinigend und zusätzlich wärmend sind Ingwer und Meerrettich.

Verallgemeinernd kann man sagen: Überall dort auf der Welt, wo feuchtwarmes oder heißes Klima herrscht, wer-

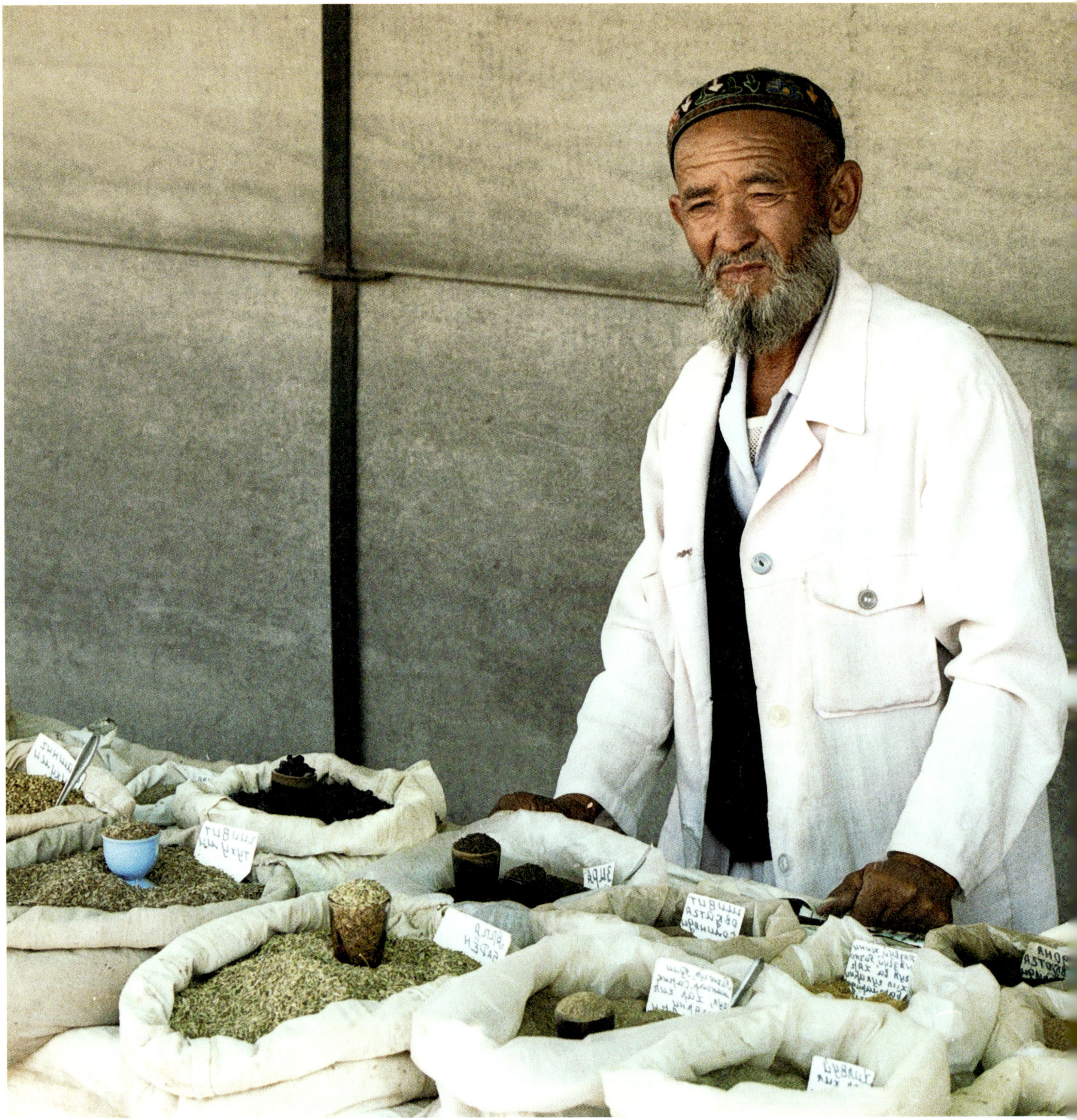

den wärmende oder scharfe Gewürze in üppigen Mengen benutzt. Das gilt für die Karibik und Mexiko (*Chilies*), für den westlichen Teil Chinas (*Szechuan-Pfeffer*), für Indonesien (sehr scharfe *sambals*, das heißt Würzsoßen auf Trockenfisch-Chili-Basis) genauso wie für die südlichen Regionen Indiens (*garam masala*, die Würzmischung aus Nelke, schwarzem Kardamom und schwarzem Pfeffer, heißt wörtlich übersetzt »warme Gewürze«). Es ist erwiesen, dass der Genuss all dieser Gewürze die Körpertemperatur erhöht und die Schweißabsonderung fördert, was die Hitze jener Breiten letztlich erträglicher macht. Ferner können die scharfmachenden Stoffe in diesen Gewürzen die Haltbarkeit erhöhen, was bei leicht verderblichen Lebensmitteln wie Fleisch einen großen praktischen Nutzen hat. Man sagt ihnen auch nach, dass sie den Geschmack von bereits verdorbenen Lebensmitteln auf günstige Weise überdecken können.

Vielleicht war es gerade diese konservierende Eigenschaft, die am Anfang der Gewürzkultur steht. Bereits um 3500 v. Chr. verwendeten die Ägypter Gewürze zur Essenszubereitung, für Kosmetikartikel, hauptsächlich aber für die Mumifizierung ihrer toten Pharaonen. Auch aus der Bibel wissen wir, dass derjenige Kostbares gab, der Gewürze, Balsam und Myrrhe verschenkte. Noch heute ist der Weihrauch im liturgischen Ablauf eines katholischen Hochamts fest verankert und dient als eines von vielen heidnischen Überbleibseln der sinnlichen Untermalung feierlich-religiöser Handlungen.

Was Gewürze rar, kostbar und teuer machte, war die Tatsache, dass sie nur in tropischer oder subtropischer Umgebung gedeihen. Die Pflege, Ernte, Trocknung und sachgemäße Lagerung vieler Gewürzpflanzen – beispielsweise von *Vanille* und *Kakao* – ist bis in unsere Tage hinein kostspielig und zeitaufwändig geblieben. Der Transport über (Land-)Wege von der indischen Malabarküste, wo der sprichwörtliche Pfeffer wächst, dauerte lange, barg naturgemäß Risiken und erforderte viel logistisches Geschick. Die Araber besaßen es und konnten mit ihren Kamel- und Eselkarawanen den Gewürzhandel vom Vorderen Orient bis zum östlichen Mittelmeerraum 5000 Jahre lang kontrollieren – nicht zuletzt deshalb, weil sie die Gewürzrouten geheim halten konnten und sagenhafte Geschichten um die Herkunft ihrer Gewürze spannen. Später machte der Gewürzhandel auch die Phönizier reich, da sie als geschickte Seefahrer und Kaufleute die Nachfrage nach diesen teuren Gütern bis hinauf nach Spanien befriedigen konnten.

Die Nachfrage nach Gewürzen und wohlriechenden Spezereien war besonders an Königshöfen und bei der Oberschicht Jahrhunderte lang groß. Die reichen Römer bedufteten nach orientalischem Vorbild ihre Räume damit und befriedigten ihr gesellschaftliches Geltungsbedürfnis, indem sie ihre Speisen in verschwenderischer, ja übertriebener Weise würzten; ihnen taten es die führenden europäischen Höfe gleich. Auf den verschiedenen, oft von politischen Machtträumen geprägten Kreuzzügen des Hoch- und Spätmittelalters waren Deutsche, Engländer und Franzosen in Berührung mit der Lebensart des Orients gekommen. Die Anwesenheit zahlreicher asiatischer Gewürze auf den spätmittelalterlichen Märkten Europas ist verbürgt: Wie wäre es sonst zu verstehen, dass die rheinische Äbtissin und Mystikerin Hildegard von Bingen *Galgant* (aus China) und *Muskatnuss* – von den vorderindischen Molukken, auch »Gewürzinseln« genannt – bei Herzschmerzen bzw. Melancholie empfiehlt? Der Bedarf an Gewürzen war jedenfalls seit dem 12. Jahrhundert rasant angestiegen und erklärt auch den überbordenden Reichtum Venedigs: Die Lagunenstadt war für wenige Jahrhunderte zum Umschlagplatz des Gewürzhandels in Europa geworden.

Gewürze, allen voran der Pfeffer, blieben jedoch weiterhin im Fokus europäischen Machtkalküls. Ihr kostengünstigerer und schnellerer Transport war die eigentliche Trieb-

☞ Gewürzhändler in Buchara (Usbekistan) an der Seidenstraße.

☞ Im 19. Jahrhundert verbreitet sich der Genuss von Schokolade immer mehr.

feder der konkurrierenden Expansionspolitik. Nachdem Christoph Kolumbus 1492 Amerika entdeckt hatte, brach die Vormachtstellung Venedigs; der nicht selten blutige Wettbewerb um Rohstoffgründe und politische Einflussnahme zwischen Spaniern, Portugiesen und wenig später Engländern und Holländern wurde in der Folge erst recht angeheizt. Gewürze wurden nun massenhaft eingeführt, so dass sie zumindest für die gehobene Gesellschaft nicht mehr die Aura des Exklusiven hatten. Seit dem 17. Jahrhundert reizte der Konsum von *Kaffee*, *Tee*, *Schokolade* und *Tabak*. Diese rückten nun in den Mittelpunkt vornehmer Geselligkeit in den Salons, Cafés und großbürgerlichen Zirkeln. Eine solche Entwicklung hatte sich schon im 16. Jahrhundert am französischen Hof durch die Einheirat Catharinas von Medici angebahnt. Ihre Küchenmeister – welche übrigens den Grundstein für die heutige *haute cuisine* legten – schränken in ihren Kochbüchern den Gebrauch exotischer Gewürze stark ein. Sie propagieren stattdessen frische einheimische Würzzutaten wie Pilze, Zwiebelgewächse, Kapern und Anchovis.

Das aufstrebende Bürgertum in Westeuropa betonte auch nach den Umwälzungen von 1789 die Verwendung von Exotika und kopierte damit die jahrhundertealten Moden des Adels.

Um 1900 waren überseeische Waren bereits flächendeckend in allen größeren Städten West- und Mitteleuropas zu haben. Legt man jedoch zeitgenössische Preistabellen gegen den Durchschnittsverdienst eines einfachen Arbeiters, so wird rasch deutlich, dass Gewürze noch immer nicht für jedermann erschwinglich waren. Ein literarisches Beispiel aus Günter Grass' 1977 erschienenem Roman »Der Butt« mag auf plastische Weise illustrieren, welch liebe »Würznot« eine Danziger Arbeiterfrau zu Anfang des 20. Jahrhunderts hatte, wenn sie Schweinenierchen – das proletarische Festtagsgericht – auftischen wollte. Und so lässt der Erzähler seine Lena Stubbe schimpfen:

Denn kannste sehn, wer für son Kacker wie dich Suppchen und sonst was kocht. Und jammern zu spät: Lenas Nierchen waren die besten. Denn da is kein Kleinbeigeben mehr. Hab ich zu oft gesagt: Er kann ja nich anders. Muß immer stark machen und Faust auffen Tisch. Hinterher tut ihm leid. Und is ihm ganz weinerlich. Na, koch ihm, das mag er, paar Nierchen geschnibbelt, damit se schön ausziehn. Und zum Schluß Mostrich dran. Weil er das mag und immerzu jibbert: Nu koch doch mal wieder Nierchen in Tunke. Denn wenn die mürb sind, leg ich Pfeffer dran, reib ich Rettich frisch rein, geb dann auf kleiner Flamme, damit er nicht grusselt, fünf Eßlöffel Senf bei oder Mostrich, wie man bei uns sagt, und rühr und rühr. Aber damit is Schluß jetzt. Hab ich ihm oft genug. Immer die Fresse groß auf und reden vonne Solidarität. Gut, wenn er kloppen muß, soll er. Mich trifft das nich. Auch wenn er mir Veilchen haut. Aber auf meine Nierchen laß ich nuscht kommen. Wer bin ich denn, dass ich bekoch und betu! Auch noch Kartoffelchen für die Tunke. Und zum Abschmecken paar Gewürzkörner dran oder wie man auf fein sagt: Piment. Aber das is ihm nicht gut jenug mehr.

Dieser Textauszug macht deutlich, wie lange die Gewürzküche in Europa keine nationalen Eigenheiten widerspiegelte, sondern eine reine Ständeküche war.

Aromen aus aller Welt

Anders als noch vor Hunderten von Jahren sind fremdländische Gewürze und Kräuter heutzutage überall und für relativ wenig Geld zu haben. Was in früheren Zeiten Abenteurern oder gut betuchten Bildungsreisenden vorbehalten war, kann heute jeder Pauschaltourist erleben: die Küche und damit die Gewürze eines mehr oder weniger weit entfernten Kulturkreises.

Die Spezialitäten der verschiedenen Küchen dieser Welt zeichnen sich durch eine jeweils besondere Kombination von Kräutern, Gewürzen und anderen Würzmitteln aus – Mischungen, die im Laufe von Jahrhunderten entwickelt wurden.

Bei Currydüften schweifen unsere Gedanken sofort nach Indien, wo diese Gewürzmischung das aromatische Ergebnis eines mit besonderem Fingerspitzengefühl betriebenen Umgangs mit Kardamom, Cumin, Pfeffer, Gewürz-

☞ Hildegard von Bingen kannte schon die exotischen Gewürze Muskatnuss und Galgant und empfahl sie als Heilmittel.

☞ Brasilianische Marktszene in Salvador da Bahia.

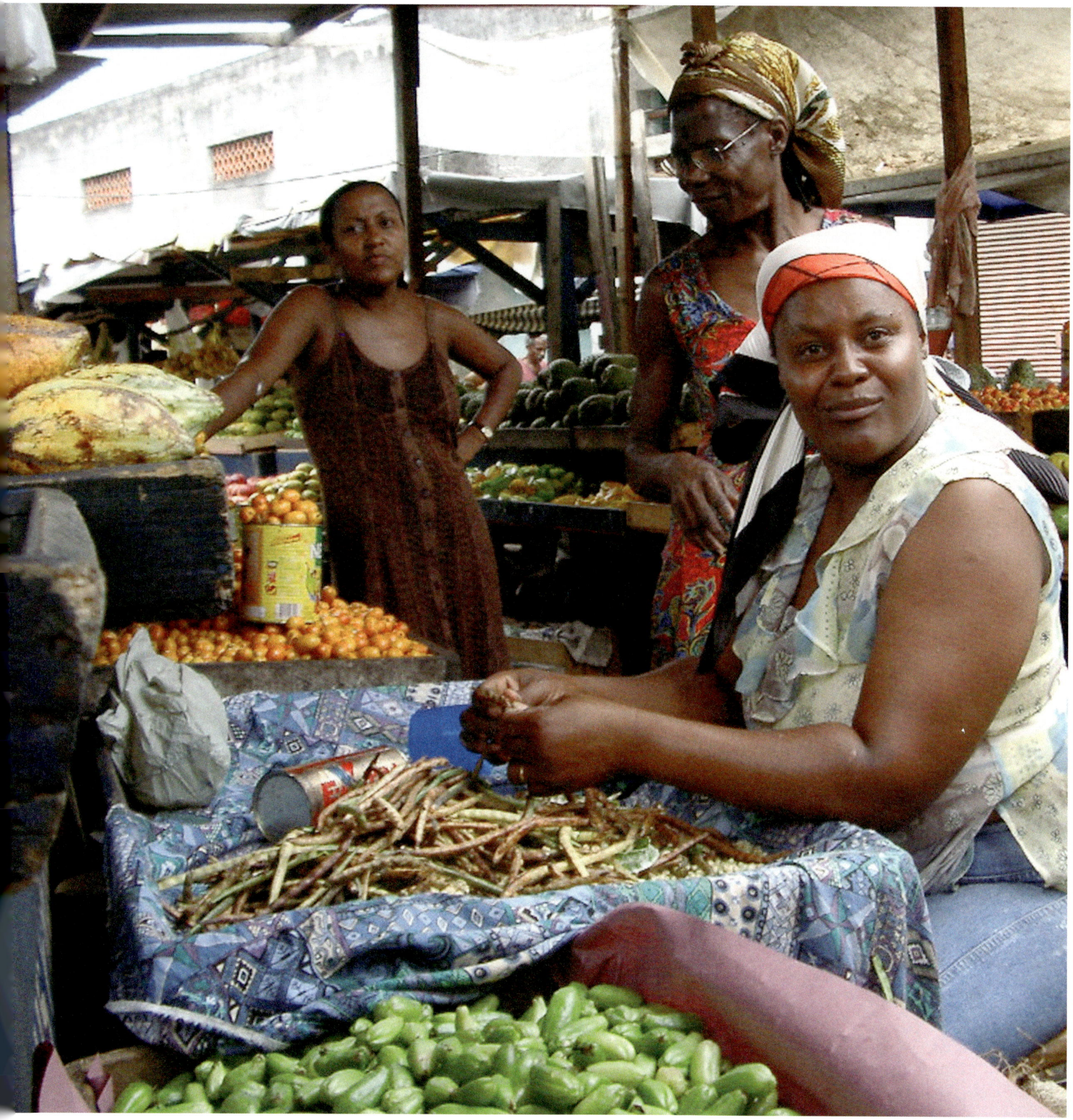

nelke und Zimt ist. Manchmal verwenden indische Köchinnen bis zu zehn verschiedene Gewürze zum Abschmecken eines einzigen Gerichtes, auf deren Frische sie absoluten Wert legen. Aromenvielfalt, farbenfrohes Aussehen und Betrachtungsweisen der ayurvedischen Medizin (»kalte/warme« Gewürze oder Speisen) sind die Charakteristika indischen Würzens.

Thailändische Currys dagegen sind zwar sehr scharf, aber oft auch delikater im Geschmack, weil sie verstärkt mit frischen Kräutern gekocht werden. Es ist vor allem der Duft von Zitronengras, Kaffir-Limette und frischen Korianderblättern, der die feine Küche Thailands kennzeichnet.

Die chinesische Kochkunst wiederum besticht durch ihre Vielfalt, und doch verbindet der Genießer der unverfälschten chinesischen Küche mit ihr eine ganz typische Würze: eine Mischung aus Wohlgeruch und erlesenem fernöstlichem Geschmack. Auslöser dafür kann der verführerische Duft von Fünf-Gewürze-Pulver – Sternanis, Kassiarinde, Fenchelsamen, Szechuan-Pfeffer und Gewürznelken – in Sojasoße sein oder ein pfannengerührtes Gericht mit Austernsauce, Ingwer und Knoblauch.

Die indonesische Küche ist gekennzeichnet durch ihre subtile Geschmacksmischung von süß und sauer in Kombination mit Zitronengras, Tamarinde, Kaffir-Limette, Curry-Blättern, feurigen Chilies und dem pikanten Geruch von getrockneten und zerstampften Garnelen. Fermentierter Fisch, eine unüberschaubare Vielfalt ebenso aromatischer wie mineralstoffreicher Algen und Sojasauce sind auch in Japan unverzichtbare Geschmacksgrundlagen. Wer japanisch isst, darf sich außerdem an der äußerlichen Schönheit der Gerichte erfreuen, die nach dem Prinzip erlesener Einfachheit »komponiert« sind: Nichts soll den Genießer vom reinen, unverfälschten Geschmack der Zutaten ablenken.

Viele asiatische Gewürze werden auch in Nordafrika und im Nahen Osten verwendet, wenn auch in abgewandelter Form. Würzend werden hier oft Zitrusfrüchte gebraucht: der Granatapfel, die Orange und die Zitrone, Letztere – auf marokkanische Art – in pikant eingelegter Form als Würze für eine im Tontopf gegarte *tagine*. Ebenso spielen Trockenfrüchte und Honig in der Geschmackskultur Nordafrikas und Kleinasiens eine bedeutende Rolle. Dies hat sich bis heute in den Süßspeisenküchen Andalusiens und Süditaliens erhalten. Hier standen die Sarazenen, dort die Araber Pate.

Ansonsten stehen im Mittelmeerraum frische Kräuter ganz oben auf der Liste der Würzmittel. Mit Salbei, Thymian, Oregano, Rosmarin, Basilikum und Estragon wird nicht gegeizt.

Die osteuropäische Küche verwendet Gewürze und Kräuter häufig zum Einmachen. Dill, Kümmel, Knoblauch, Liebstöckel und der appetitanregende Sauerampfer geben in Suppen, Salaten und Eintöpfen den geschmacklichen Ton an. Schärfe, pikante Würze und ansprechende Farbgebung kommen dagegen mehr von rotem Paprika als von schwarzem Pfeffer. Die transatlantischen, zumal mexikanischen Wohlgerüche sind unverkennbar und in Westeuropa besser bekannt: Typisch ist der Duft von gebackenen Maistortillas und gerösteten Chilies, die im Herkunftsland dieser Schoten sortenreich sind. Daraus lassen sich die in ganz Mittel- und Südamerika beliebten Würzsoßen anrühren, die so hervorragend zu gegrilltem Rindfleisch passen!

* *

Gewürze aufbewahren
* *

Frische Gewürze, die nicht sofort verwendet werden, sollten eher im Kühlschrank als bei Raumtemperatur aufbewahrt werden. Zitronengras, Zitronen- oder Curryblätter wickelt man am besten in etwas Küchenpapier und hebt sie im Gemüsefach des Kühlschranks bis zu zwei Wochen auf. Frischer Galgant, Ingwer und Chilies halten sich in einem fest verschlossenen Behälter im Kühlschrank bis zu drei Wochen. Sollen frische Gewürze noch länger konserviert werden, kann man sie zu einer Paste verarbeiten und in kleinen Behältern bis zu einem halben Jahr einfrieren. Getrocknete Gewürze, ob gemahlen oder ganz, sollten in luftdichten Gefäßen an einem kühlen und dunklen Ort aufbewahrt werden. Hitze, Küchendämpfe und Feuchtigkeit mindern die Qualität. Richtig gelagert halten sich

☞ Der Entdeckung Amerikas durch Christoph Kolumbus verdanken wir bestimmte Gewürze wie Vanille.

ganze Gewürze mindestens sechs Monate. Die allermeisten gemahlenen Gewürze verlieren schon nach sehr viel kürzerer Zeit Farbe und Aroma. Duftintensive Küchen wie die indische, chinesische und die südostasiatische erfordern für ein optimales Geschmacksergebnis frische Gewürzmixturen. Mit etwas Übung lassen diese sich aber vor jeder Mahlzeit mit dem Mörser selbst herstellen.

Kräuter pflanzen, ernten und trocknen

Die meisten Küchenkräuter wachsen problemlos in Pflanzgefäßen aller Art, drinnen auf der Fensterbank in Töpfen oder draußen in Terrakotten. Solch ein mobiler Kräutergarten ist dekorativ und hat obendrein den Vorteil, dass die Kräuter zum Kochen stets in Reichweite sind. Rosmarin, Thymian, Majoran und Salbei lieben Sonne. Kerbel, Schnittlauch und Minze bevorzugen Halbschatten und einen stets feucht gehaltenen Boden. Basilikum braucht neben Wärme auch einen windgeschützten Standort. Wuchernde Kräuter wie Estragon und Minze sollten separat gezogen werden, damit sie anderen Pflanzen den Platz nicht streitig machen.

Neben aromatischen Blättern besitzen manche Kräuter auch wunderschöne Blüten, so zum Beispiel Borretsch, Ysop, Rosmarin, Thymian, Schnittlauch, Minze und Salbei. Diese können als Garnitur für Salate dienen. Grundsätzlich gilt aber, dass Kräuter vor der Blüte am aromatischsten sind.

Die Blätter können das ganze Jahr über gepflückt werden. Niemals sollte man mehr als zehn Prozent auf einmal abernten, da die Pflanze sonst möglicherweise eingeht. Lavendel erntet man am besten, wenn sich die Blüten gerade geöffnet haben. Das Pflücken geschieht idealerweise nicht allzu lange vor der Verwendung in der Küche. Daneben gibt es auch noch bewährte Konservierungsmethoden für Kräuter wie das Trocknen. In einigen Fällen – bei Lorbeerblättern, Salbei, Oregano und Thymian – verstärkt sich das Aroma dadurch geradezu. Pflänzchen wie Kerbel oder Basilikum bekommt das Lufttrocknen überhaupt nicht. Am einfachsten lassen sich Kräuter trocknen, indem man sie zu kleinen, lockeren Sträußen bindet und an einem warmen, aber luftigen Platz aufhängt. Die Temperatur sollte 30° C nicht überschreiten, da sich die ätherischen Öle sonst verflüchtigen.

Für Dill, Basilikum, Fenchel und Petersilie hat sich zum Haltbarmachen das Einfrieren bewährt. Die sorgfältig verlesenen Kräuter werden in kleinen Mengen, gewaschen und trocken geschleudert, in Gefrierbeutel gelegt und tiefgefroren. Man kann vorher, wo es sich anbietet, daraus *Chiffonaden* herstellen, das heißt die Gewürzkräuter mit dem Messer in feine Streifen schneiden. In jedem Falle: Beschriften nicht vergessen!

Wer den Winter über den Duft aromatischer Kräuter nicht missen möchte, kann Kräuteröle oder -essige herstellen, die übrigens äußerst dekorative und nützliche Geschenke abgeben.

Mittel- und Südamerika – Chili und Vanille

La isla más hermosa que ojos hayan visto –
Die schönste Insel,
die Menschenaugen je gesehen haben
CHRISTOPH KOLUMBUS
in seinem Tagebuch vom Oktober 1492
über die Entdeckung der Insel Kuba

Die Beschreibung der Koch- und Gewürzkultur Mittel- und Südamerikas muss ihren Ausgang nehmen bei der Entdeckung des karibischen Archipels durch den Genuesen Kolumbus. Im Auftrag und mit der finanziellen Unterstützung des kastilischen Königshauses war dieser im Sommer 1492 aufgebrochen, um einen neuen – kürzeren – Seeweg zu den Gewürzgründen Indiens zu suchen. Einem geografischen »Missverständnis« ist es zu verdanken, dass die drei Karavellen unter spanischer Flagge nicht an der indischen, sondern an der amerikanischen Küste anlandeten. Kolumbus wird in seinen Tagebüchern nicht müde, seiner Faszination für die neuen Gestade Ausdruck zu verleihen. Wieder und wieder beschreibt er herrliche Buchten mit türkisblauem Wasser, malerische Küstengebirge, fremde Tiere, den betörenden Duft exotischer Blüten und Gewürze. Dem Bild vom Garten Eden auf Erden scheinen auch die angetroffenen Ureinwohner – von den Europäern irrtümlich »Indianer« genannt – entsprochen zu haben: Diesen friedfertigen und freundlichen Menschen waren Hunger, Armut und Krankheit, wie sie zu den alltäglichen Erfahrungen der Eroberer aus der Alten Welt gehörten, offensichtlich unbekannt. Ihrerseits begrüßten sie die weißhäutigen und fremdartig bärtigen Spanier als Gottgesandte. Sie boten den Fremden Speisen an, vermutlich überwiegend Fisch und Gemüse, und führten diese in die Rituale des Tabakrauchens ein. Die ersten Jahrzehnte nach Kolumbus' Entdeckung werden deshalb für die karibischen Indianer vom Stamm der Taínos und der Siboney recht friedlich.
Erst als die spanischen Eroberer daran gingen, massenhaft Rohstoffe – allen voran Zuckerrohr, tropische Edelhölzer

☞ Der Duft und Geschmack der ursprünglich nur in Mexiko beheimateten Vanille ist aus der europäischen Küche nicht mehr wegzudenken.

590.

und Silber – für das Mutterland auszubeuten, begannen sie mit der systematischen Ausrottung der karibischen Ureinwohner. Von deren Essgewohnheiten ist deshalb nur wenig überliefert: Sie verwendeten die stärkehaltige Yucca-Wurzel zum Brotbacken, ernährten sich von Mais und Hülsenfrüchten und liebten Erdnüsse. Alle diese Nahrungsmittel zählen auch heute noch zu den von der kreolischen Küche favorisierten. Anders als die Briten und Franzosen rund einhundert Jahre später, die im vielfach raueren Klima von Massachusetts und Pennsylvania an der Ostküste ohne die Erfahrungen der Indianer beim Jagen und Fischen sowie in der Verwertung und Haltbarmachung von Lebensmitteln wenig Überlebenschancen gehabt hätten, zwangen Klima und üppige Vegetation die Spanier offenbar kaum, ihren Speisezettel um die Produkte der Indios zu ergänzen. Fast war es umgekehrt: Die europäischen Rinder, Schweine, Hühner, Schafe und Ziegen ließen sich in der Neuen Welt gut einbürgern und sollten den Grundstein legen für gemeinsame kulinarische Vorlieben, die bis heute vom Süden der USA über Mexiko bis hinunter nach Argentinien eine große Tradition haben.

Prägend waren sicherlich auch die Einflüsse der Schwarzafrikaner – auf die karibischen, aber auch auf die mexikanischen Essgewohnheiten. Für die Schwerarbeit auf den Zuckerrohrplantagen Kubas und in den Silberminen der Kolonialisten schienen die bereits ab der Mitte des 16. Jahrhunderts versklavten Nigerianer und Kongolesen die bessere körperliche Konstitution zu haben als die zudem aufrührerischen und freiheitsliebenden Indios. Wahrscheinlich hat all dies zu ihrem Todesurteil geführt. Bis heute konnten sich der Verzehr von Maniok, Okraschoten und Yamswurzel sowie die Verwendung von Palmöl zum Braten und Frittieren bis in den Süden nach Brasilien erhalten.

Wichtig für die karibische Küche war auch der Einfluss der zunächst ebenfalls versklavten Chinesen, deren Nachfahren bis heute auf den Inseln leben. Sie haben stark dazu beigetragen, bestimmte Kräuter (Koriandergrün) und Gewürze (Ingwer) auf den Antillen zu kultivieren und diese allmählich in die Alltagsküche zu integrieren. Auf jeden Fall sind der chinesischen Küche Konservierungsmethoden wie das saure Einlegen von Gemüse und Fisch zu verdanken. *Cheviche* ist das gängige zitronensaure Marinierverfahren für Fisch, das selbst kolumbianische Köchinnen gerne anwenden. Auch konnten sich die *camarones secos* – als Würze gebrauchte getrocknete Shrimps – bis in unsere Tage halten. Und schließlich ist und bleibt der Reis nicht nur in Mittel-, sondern auch in ganz Südamerika neben Mais und Kartoffeln ein billiges und nahrhaftes Grundnahrungsmittel.

Im Lauf der Jahrhunderte haben andere Immigranten – Juden, syrische und libanesische Kaufleute auf Kuba und Jamaica – oder andere Kolonialherren – Franzosen und Holländer auf den Kleinen Antillen – den karibischen Essgewohnheiten ihren Stempel aufdrücken können. Dabei handelt es sich oft um insulare Produkte, gepaart mit karibischer Würze, die aber dennoch in der Garmethode (Braten/Frittieren) europäische Wurzeln erkennen lassen. Wie in ganz Mittel- und Lateinamerika ist auch in der Karibik die Chilischote die unbestrittene Königin der Gewürze. Jede Insel, ja beinahe jeder Haushalt hat sein eigenes Rezept, wie man aus ihr und ihren bis zu fünfzig bekannten Verwandten zusammen mit Tomaten, manchmal auch Zwiebeln oder Knoblauch und anderen Gewürzen eine mehr oder weniger scharfe Pfeffersauce herstellt. Zu gegrilltem Fleisch, aber auch als Dip für vegetarische Gerichte stehen Chilisaucen immer mit auf dem Tisch. Jedoch gibt es auch andere, nicht so brennend scharfe Gewürze, wie zum Beispiel das heimische Gewürz *Annatto*. Es hat ein delikat-pfeffriges Aroma und färbt Saucen leuchtend orange. Pimentkörner sind ebenfalls in Mittelamerika zu Hause und haben ihren Weg bis in europäische Wurstwaren gefunden. Ferner gedeihen hier Muskatnuss und Vanille, zwei in Europa beliebte und durch nichts zu ersetzende Gewürzpflanzen.

Nicht vergessen werden darf die ganzjährige Fülle an sonnenreifen Früchten: Bananen, Limetten, Papayas, Kokosnüsse und Ananas, um nur wenige zu nennen; sie spielen sowohl beim Essen ihre Rolle, als auch in den verschiedenen Cocktails, deren Geburtsstunde die 1920er Jahre waren. Hemingway und andere ebenso exaltierte wie kosmopolitische Amerikaner haben diese süßen, farbenfrohen Erfrischungsdrinks auf der Basis von Zuckerrohrschnaps (Rum) mit den klingenden Namen *Cuba Libre*, *Mojito* oder *Daiquirí* nach und nach berühmt gemacht.

Ist die Inselküche eine Mischung aus hispanischer, afrikanischer und fernöstlicher Kochkultur, so beruht die Küche in Mexiko und ganz Lateinamerika viel stärker auf der Tradition der Ureinwohner. Die auf Gemüse- oder Zuckermais, Tomaten, Kürbissen, Kartoffeln und Chilies basierenden Gerichte der alten Azteken und Mayas ergänzten die *conquistadores* durch die Einbürgerung der in Europa bekannten Haustiere Rind, Schwein, Huhn und Ziege. So lernten die Ureinwohner das Garen in Fett kennen und damit eine neue Geschmacksgebung vieler Gerichte. Auch übernahmen sie von Portugiesen und Spaniern deren Süßspeisen aus Weizenmehl; dieses Getreide kannten sie bislang nicht. Dafür gaben sie den Europäern Bohnen und Mais mit auf den Weg. Letzterer genoss bereits Jahrtausende vor Kolumbus' wagemutiger Seefahrt den Status eines magisch-kultischen Nahrungsmittels. Die Inkas benannten nach den verschiedenen Farben seiner Körner die Himmelsrichtungen. Aus alten Maya-Chroniken geht hervor, dass man den Mais (*xentl*) als den Ursprung allen Lebens verehrte. Bisweilen ist er in ihren Tempelanlagen als stilisiertes Fassadenornament anzutreffen. Einen vergleichbaren kultischen Status hatte bei den alten Hochkulturen Mittelamerikas nur noch die Schokolade.

Die Küche Mexikos ist kräftig, feurig, vielleicht etwas bäuerlich, niemals jedoch langweilig. Fast zu jeder Mahlzeit werden Tortillas – Fladen aus Weizen- oder Maismehl – gereicht. In Europa sind sie als *tacos* bereits bestens bekannt, wenn sie aufgerollt eine herzhaft-würzige Gemüse- oder Fleischfüllung enthalten.

Die Würze kommt – und dafür ist die mexikanische Küche berühmt – von den unzähligen Chilischoten in allen nur denkbaren Schärfegraden. Beliebt ist aber bei den *salsas* nicht nur Feurigkeit, sondern gelegentlich auch einmal pikante Säure, wie in der *salsa cruda* (mit reifen Tomaten) und der *salsa verde* (auf der Grundlage grüner Tomaten). Beinahe mild kommt das *guacamole*, ein beliebtes Relish aus pürierten Avocados, Tomaten, Zwiebeln, Chilies und Koriandergrün, daher. Man reicht es zu Meeresgetier ebenso wie zu Fleischgerichten. In Mexiko trinkt man gerne Bier; zur Chilischärfe passt aber auch Tequila, ein Destillat aus Agavendicksaft.

Für die Küchen der übrigen Länder Lateinamerikas gilt Ähnliches: Sie muss, wie schon in den Jahrhunderten zuvor, die Kräfte jener erneuern, die im Freien körperliche Arbeit verrichten und dabei oft extremen Witterungsverhältnissen ausgesetzt sind. Im feuchtwarmen Klima der tropischen Bananenplantagen Venezuelas oder Brasiliens ist Handarbeit ebenso gefragt wie in den kühlen Andenregionen Guatemalas und Kolumbiens, wo beste Kaffeebohnen gedeihen. Auch der Umgang mit den riesigen Rinderherden, wofür vor allem Argentinien berühmt ist, erfordert für die *gauchos* ein nahrhaftes, unkompliziertes Essen. Eine der großen Gemeinsamkeiten aller Küchen Südamerikas ist deshalb die Liebe zu Eintöpfen: Ob *curante* bzw. *puchero* (Kolumbien/Argentinien), *feijoada* (Brasilien), *cazuela* (Chile), *locro* (Kolumbien) – sie alle sind sättigende Gerichte auf der Grundlage von Fleisch, Fisch, Bohnen, Kürbis, Mais oder Kartoffeln, manchmal Avocados. Sie sprechen durch ihre kräftig-bunte Farbe und den würzigen Geruch alle Sinne an. An Chilies und würzigen Kräutern wird nämlich niemals gespart. Besonderer Wertschätzung erfreut sich der von den Spaniern und Portugiesen eingeführte *cilantro*, der Koriander.

Beliebte Getränke in Südamerika sind *pisco*, ein Treberschnaps aus Chile, daneben der brasilianische hochprozentige *cachaça*, der aus Zuckerrohr gebrannt wird. Erfrischung bieten aber auch diverse fruchtige Cocktails, Kokosmilch oder das überall beliebte Bier. Besonders im Hochland der Anden halten die Indios an ihrem würzigen Mate-Tee fest. Er wärmt, ist reich an Mineralstoffen und unterdrückt das Hungergefühl in kargen Zeiten. Zudem werden in Chile Weine produziert, die inzwischen höchsten überseeischen Ansprüchen genügen.

Zum Nachtisch und an Festtagen kennen Mittel- und Südamerikaner eine Vielzahl von Leckereien. Diese sind teilweise aus Maisschrot gebacken, gewürzt mit Honig und Orangen- oder Limettensaft. Eine eher europäische

Backtradition geben die handlichen *empanadas* aus Weizenmehl zu erkennen. Dies sind süße Teigtäschchen mit einer Füllung aus Quark und Trockenfrüchten, verfeinert mit Zimt. Man isst sie in Ecuador auf jedem Fest, es gibt sie jedoch auf dem ganzen Kontinent, auf Wunsch auch mit pikantem Innenleben. Eine Kuchentradition aus Mexiko darf ebenfalls nicht unerwähnt bleiben: *pan de muerto*. Diese runden Brote aus Hefeteig werden zu den Gedenktagen der Toten – Allerheiligen und Allerseelen – gebakken und sind deshalb mit stilisierten Teigornamenten in der Form von Knochen und Tränen verziert. Gewürzt sind sie mit den typischen hispanisch-lateinamerikanischen Aromen: Vanille, Anis, Orangenblütenwasser, abgeriebener Muskatnuss. Der Tod ist für die lebensfrohen Mexikaner ein Teil des Daseins, weswegen sie ihre »Totenbrote« bei einer ausgelassenen Feier verzehren.

Für Mittel- und Lateinamerika typische Gewürze und Kräuter

☞ Die von den spanischen Einwanderern zunächst mit Pfeffer verwechselten Pimentkörner sind heute in Europa sehr beliebt.

☞ Rosa Pfeffer wird in Brasilien angebaut.

☞ Der Genuss von Schokolade blieb zunächst den Vornehmen und Reichen vorbehalten.

Chimichurri

Das ist eine frisch angerührte Gewürzpaste aus *Petersilie*, argentinischem *Basilikum* (*Albahaca*), *Chilipulver*, *Knoblauch*, *Oregano* und *Weinessig*. Sie wird besonders bei *churrazcos* (Grillzubereitungen) in Argentinien verwendet.

Pebre

Eine würzige Chilisauce aus Peru. Neben Chilischoten besteht sie aus *Zwiebeln*, *Koriandergrün*, *Salz*, *Pfeffer* und *Zucker*. Sie passt zu allen gebratenen Fleisch- und Fischsorten, würzt aber auch Kartoffeln und Gemüse.

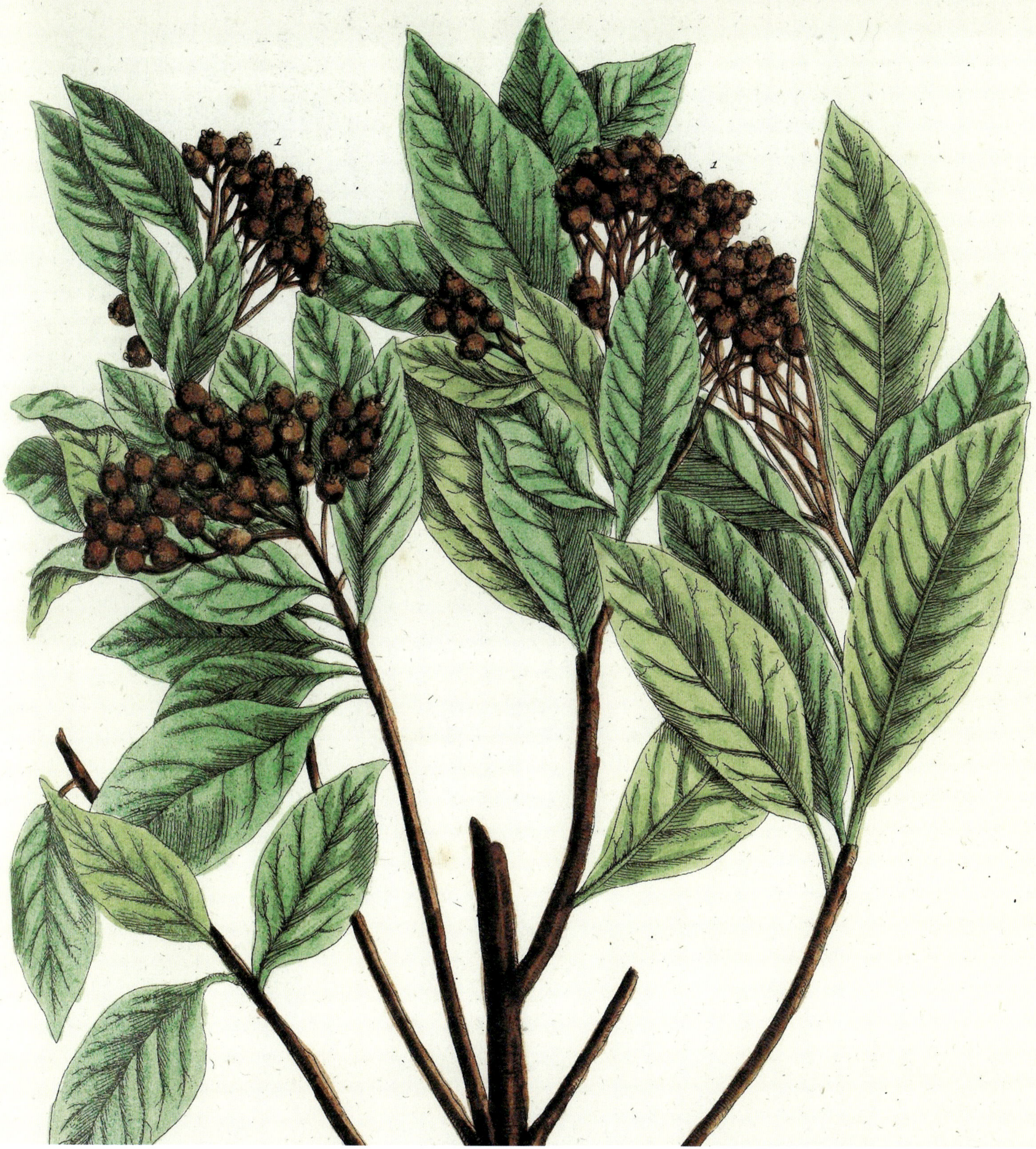
1
1

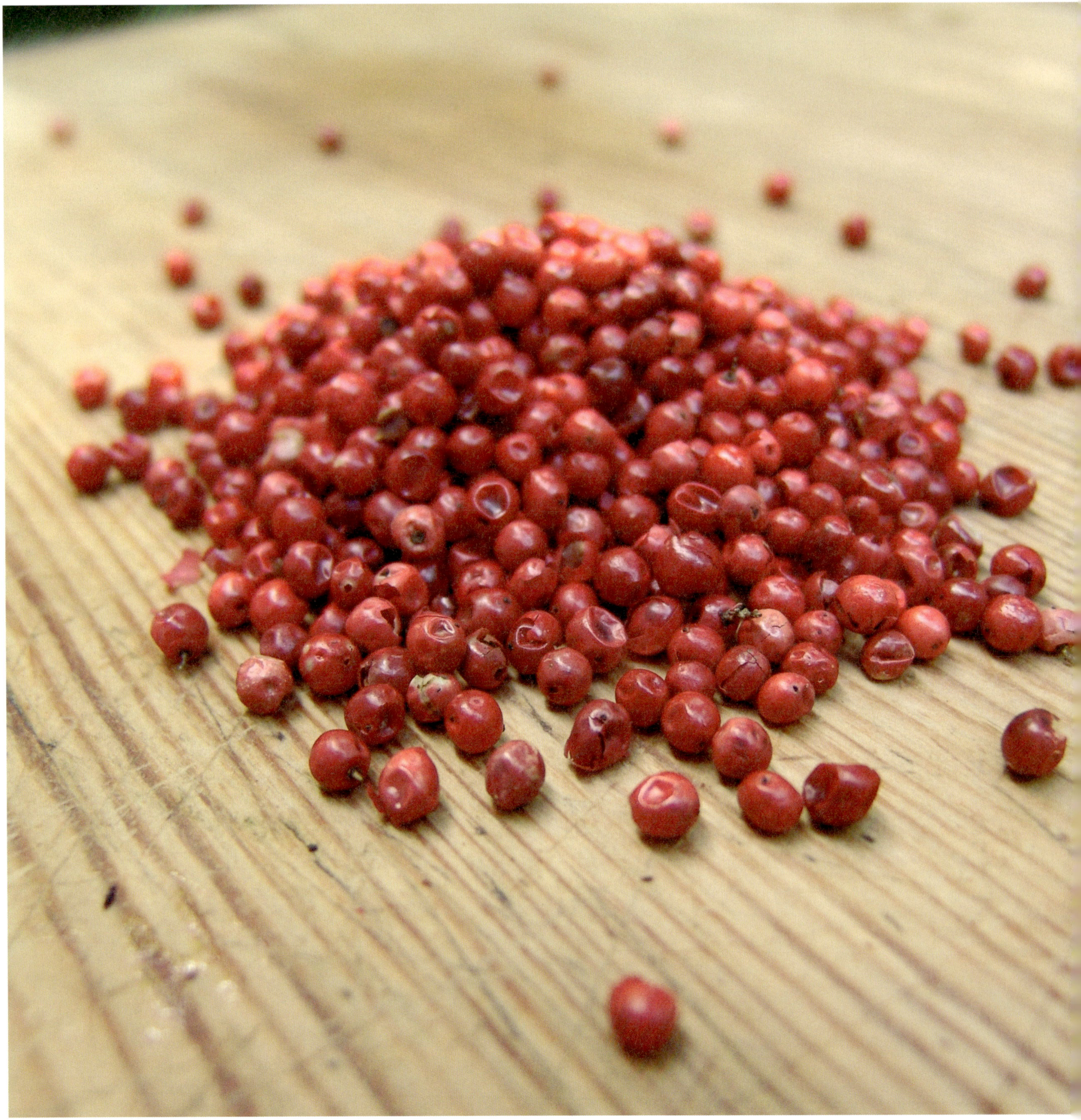

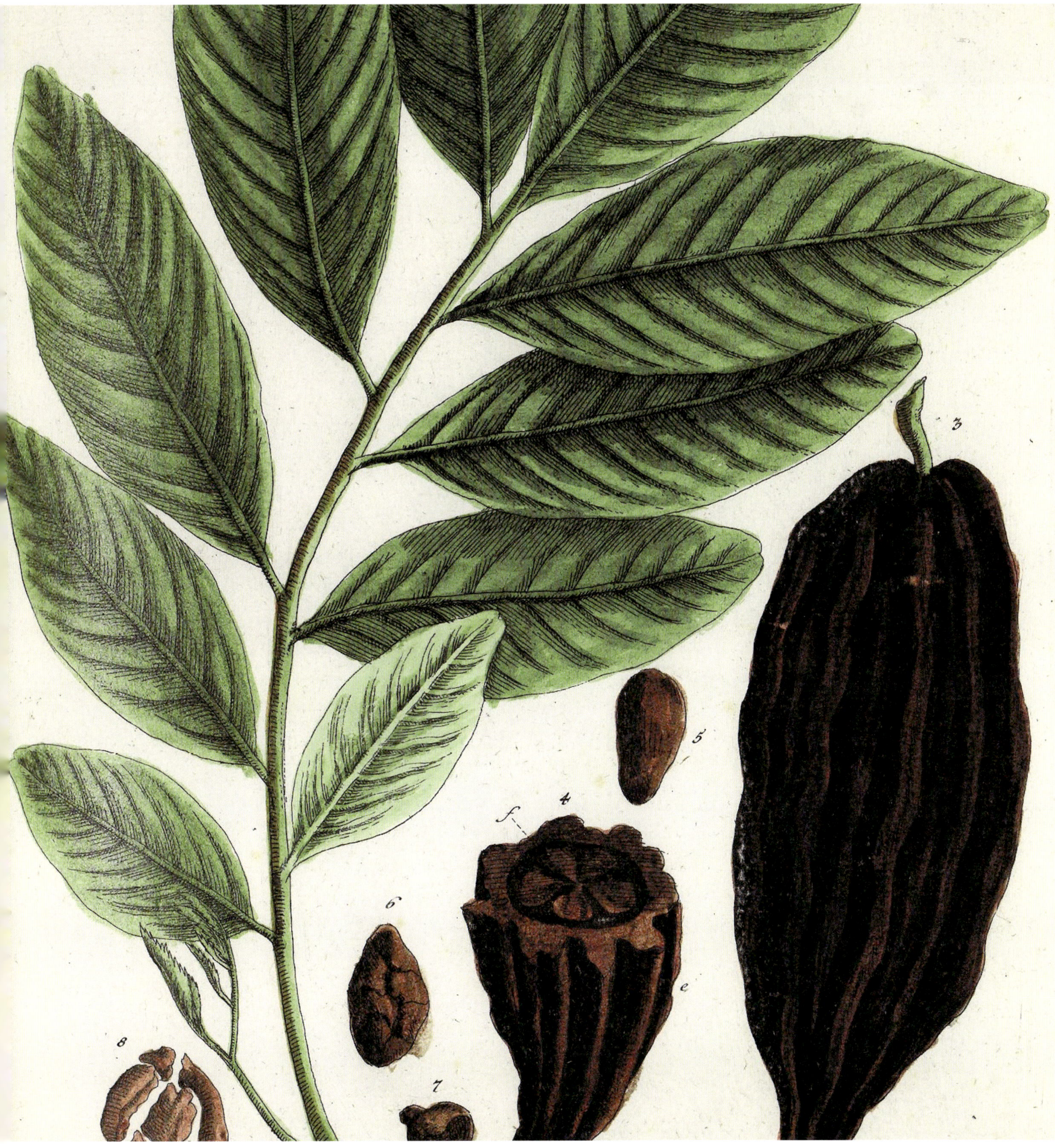
3
5
4
f
6
e
8
7

Pimenta de Cheiro

Ein spezieller rosafarbener Pfeffer aus Brasilien. Er passt hervorragend zu *carne de sol*, einer Zubereitungsmethode, bei der Rindfleisch an der Sonne getrocknet wird und so einen unnachahmlichen Geschmack erhält.

Epazote

Ein mexikanisches Teekraut mit scharfem Geruch, in einem Eintopf aus schwarzen Bohnen durch nichts zu ersetzen.

Hierba buona

Scharfes Minzkraut, das man in Mexiko zum Würzen von Fleischmarinaden verwendet.

Piment

Eines der Hauptgewürze der karibischen Inseln, das die Spanier der Anfangszeit zunächst für Pfeffer hielten. Lange vor deren Ankunft war es den Ureinwohnern jedoch nicht nur als nach Gewürznelken, Zimt und Muskat duftende Speisezutat bekannt – sie benutzten es auch zum Einbalsamieren ihrer Toten. Die würzigen Beeren wurden in Europa schnell beliebt und verfeinern so unterschiedliche Lebensmittel wie Würste, englischen Plumpudding, skandinavischen Hering und verschiedene Chutneys.

Annatto

Der Annattostrauch ist ebenfalls in der Karibik zu Hause. Er trägt herzförmige Früchte mit einem kastanienähnlichen stacheligen Mantel. Die gewonnenen Samen sollten ziegelrot sein; zur Entfaltung ihres pfeffrigen Geschmacks, gepaart mit einem zarten Muskataroma, brät man sie in Pflanzenöl an. Der austretende Pflanzenfarbstoff lässt Saucen in einem lebendigen Orangerot leuchten. Das erklärt, warum die Maya Annatto zur Körperbemalung und zum Einfärben von Stoffen verwendeten.

Cilantro (Koriander)

Koriander, ein europäischer Import, würzt viele Gerichte von Kuba bis Feuerland.

Limetten/Grapefruit

Sie dürfen weder in karibischen Cocktails noch in vielen Suppen mit Fisch oder Fleisch fehlen. Ihr Saft wird zum »Kaltgaren« von Fisch benutzt, eine Mariniermethode – in Kolumbien *cheviche*, in Mexiko *escabeche* genannt –, die man auf dem gesamten Kontinent praktiziert. Niemals Zitronen als Ersatz verwenden!

Chilischoten

Chilischoten haben ihren Ursprung in Mexiko und wurden dort bereits mehr als 6000 Jahre lang angebaut, als Kolumbus auf der Suche nach dem indischen Pfeffer in die Karibik kam. Im Laufe der Zeit entwickelte sich in der Region eine Vielzahl an Sorten und Schärfegraden. Nachdem die Spanier und Portugiesen die Chilischote im 16. Jahrhundert in Indien und Südostasien eingeführt hatten, verbreitete sie sich rasch auf dem ganzen Erdball. Heute gehören die Pfefferschoten zu den am häufigsten angebauten Gewürzpflanzen. In der Regel gedeihen die

☞ In Mittel- und Südamerika ist die Chilischote die unbestrittene »Königin der Gewürze«.

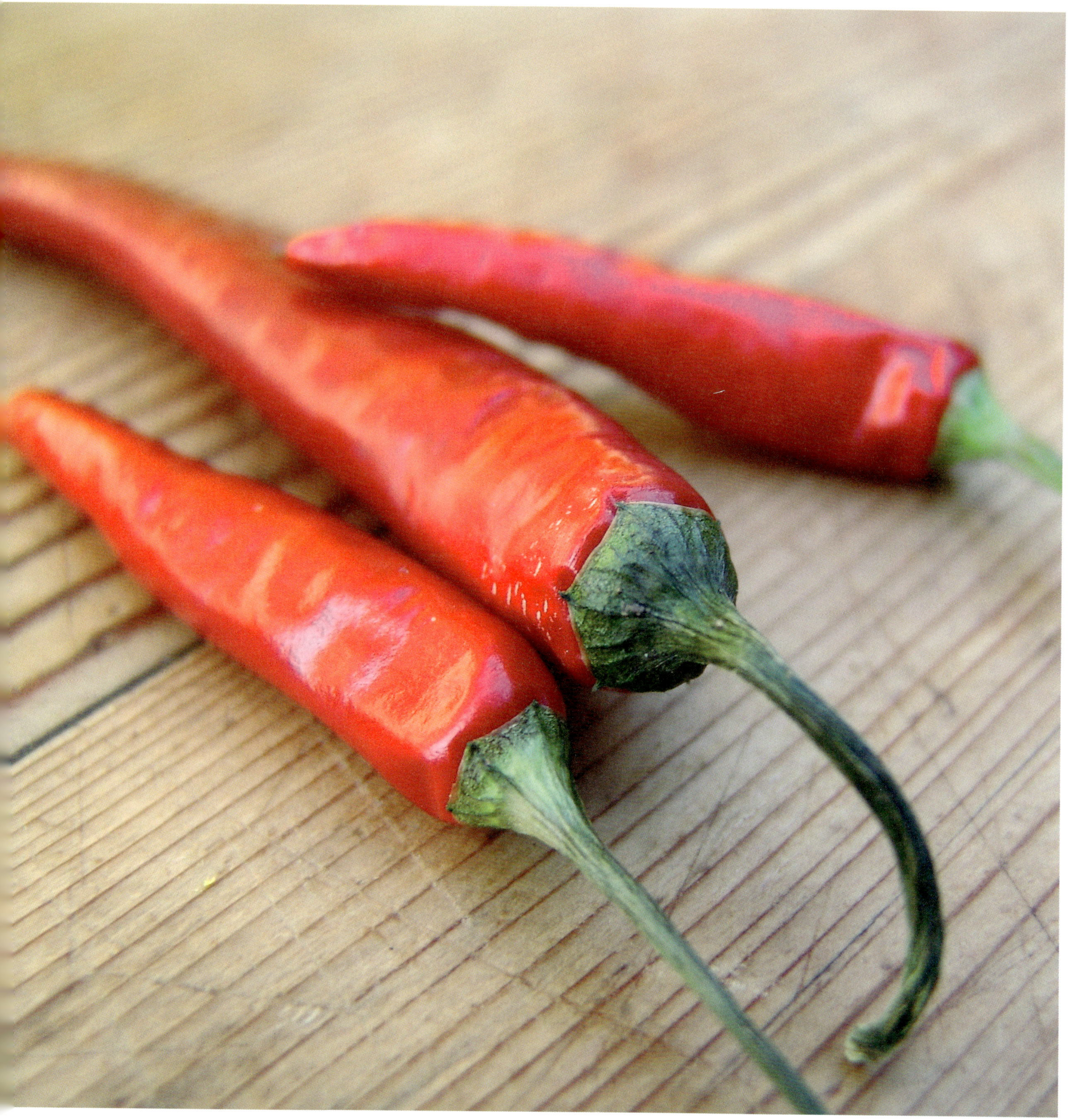

schärferen Sorten in den Tropen, während man die milderen in den gemäßigten Zonen antrifft. Die mexikanische *habanero*, die karibische *early scotch bonnet*, die thailändische *bird's eye* und die indonesische *lombok* gehören zu den schärfsten Sorten.

Chili regt den Appetit an und fördert die Verdauung, stimuliert den Kreislauf und verstärkt die Schweißabsonderung. Letzteres hat eine kühlende Wirkung auf den Körper und erklärt vielleicht, weshalb scharfe Chilies in Gebieten mit heißen Tagestemperaturen besonders beliebt sind. Ferner bereitet es mittlerweile auch vielen Europäern Vergnügen, exotische Speisen mit den feurigsten Chilies zu würzen, die sie auftreiben können. Dazu passt die Annahme, dass das Gehirn euphorisierende Botenstoffe aussendet, um das Brennen der scharfen Schoten in Mund und Magen zu bekämpfen.

Beim Umgang mit Chilies in der Küche empfiehlt es sich, zur Schonung von Augen und Nasenschleimhaut Handschuhe zu tragen!

Kakao

Die Entdeckung des Kakaobaums war für die spanischen Eroberer unter Hernando Cortez am Anfang des 16. Jahrhunderts mindestens so wichtig wie die Erschließung von Gold- oder Silbergründen. Denn auf die Berührung mit dieser faszinierenden Pflanze stützt sich bis heute ein Großteil der westlichen Süßwarenindustrie. Bis zu der von findigen Schweizer Chocolatiers vor kaum 100 Jahren entwickelten Veredelung des Grundproduktes war es jedoch ein weiter Weg. Davor war der Genuss von Trinkschokolade, die man mit warmer Milch zubereitete, bereits zum Modegetränk des 18. Jahrhundert avanciert. Es bedurfte eines wenn auch nicht fürstlichen, so doch großbürgerlichen Rahmens; es verlangte nach eigenem Geschirr, einer bestimmten Tageszeit (Vormittag) und einer besonderen Lokalität (Schokoladenstuben). Schon bei den alten Azteken war das Trinken von Schokolade eine Frage des sozialen Prestiges und Häuptlingen vorbehalten. Dabei war der einfache Kakaogrieß der präkolumbianischen Zeit weder entölt noch raffiniert. Die Ureinwohner rösteten die Kakaobohnen (*cacahuatl*), vermahlten sie im Mörser und verquirlten das Pulver mit Wasser – da ihnen Milch unbekannt war –, Honig, Agavendicksaft und Chilipulver: Das war *xocolatl*, eine freilich noch etwas unbefriedigende und unelegante Form von flüssiger Schokolade, die nach Veredelung verlangte.

Vanille

Vanille ist eine in Mexiko beheimatete tropische Orchideenart. Die vor der eigentlichen Reife geernteten Fruchtkapseln werden mehrere Monate an der Sonne getrocknet; dabei verwandelt sich ihr milchiger Saft durch Fermentierung in eine schwarzbraune Masse mit dem unverwechselbaren Aroma, das heute auf der ganzen Welt geschätzt wird.

Frühe Versuche, die Vanille in anderen Ländern als Gewürzpflanze heimisch zu machen, scheiterten, da die Bestäubung nur durch eine ausschließlich in den mexikanischen Tropen lebende Bienenart und eine bestimmte Kolibri-Gattung erfolgen kann. Deshalb musste das Gewürz von seinem Ursprungsland Jahrhunderte lang in alle Welt verschickt werden, bis französischen Biologen auf einigen Inseln des Indischen Ozeans im 19. Jahrhundert erstmals die künstliche Bestäubung gelang. Diese zeitaufwändige und arbeitsintensive Züchtungsmethode erklärt auch den hohen Preis des exquisiten Gewürzes.

Heute ist Madagaskar der Haupterzeuger, kleinere Plantagen gibt es aber auch auf den Seychellen, den Komoren und auf La Réunion.

Vanille würzt überall auf der Welt Süßspeisen, Eis, Gebäck und Cremes. Man sollte die kostbaren Schoten stets dunkel und kühl lagern. Von der Verwendung synthetischer Vanille hingegen ist dringend abzuraten!

☞ Limetten geben vielen karibischen Cocktails angenehme Säure.

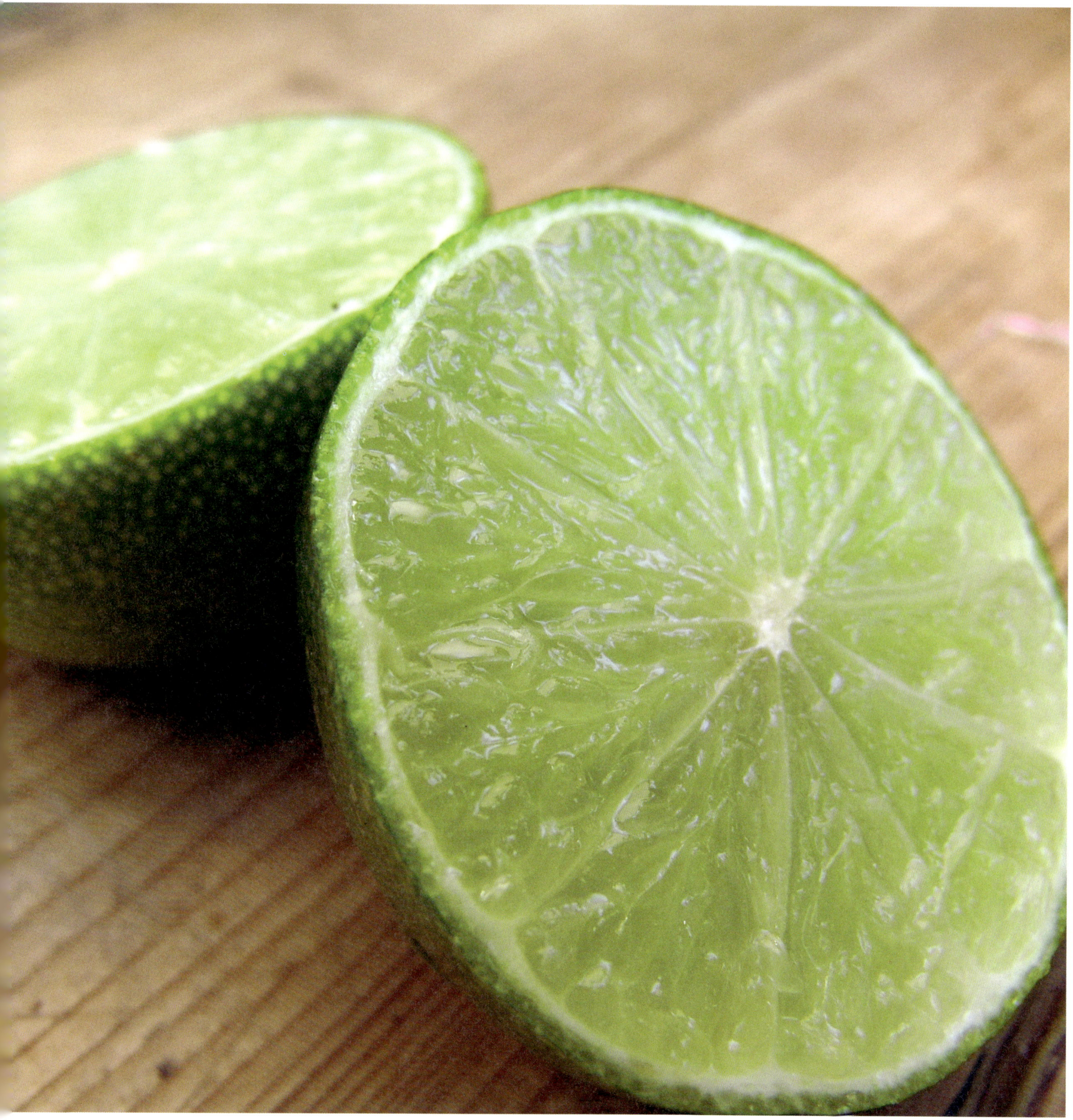

Münchner Milli-Rahmstrudel

Zutaten für 6 bis 8 Personen

125 G BUTTER
125 G ZUCKER
1 ESSLÖFFEL ZUCKER
1 ESSLÖFFEL ABGERIEBENE SCHALE
VON 1 UNBEHANDELTEN ZITRONE
1–2 VANILLESCHOTEN
5 EIER
400 G QUARK (20 PROZENT FETT)
300 G SAURE SAHNE
1 ESSLÖFFEL MEHL
50–60 G ROSINEN (ÜBER NACHT IN RUM UND COINTREAU EINGEWEICHT)
2 PAKETE FERTIGER STRUDELTEIG (4 BLATT)
ETWAS BUTTER ZUM BESTREICHEN DES TEIGES UND DER BACKFORM
0,25 L MILCH
2 ESSLÖFFEL CRÈME FRAÎCHE
2 ESSLÖFFEL VANILLEZUCKER
PUDERZUCKER

Zubereitung

Den Backofen auf 170 Grad vorheizen. Die Butter mit 50 g Zucker, der abgeriebenen Zitronenschale und dem Vanillemark mit dem Handrührgerät 4 Minuten schaumig schlagen. 3 Eier trennen. Das Eiweiß zur Seite stellen und die Eigelbe nacheinander in die Butter-Zucker-Mischung rühren. Quark, saure Sahne, Mehl und die Rum-Rosinen unterheben. Die 3 Eiweiße und 75 g Zucker mit dem Handmixer (unbedingt auf absolut fettfreie Quirle achten!) zu festem Eischnee schlagen. Erst ein Drittel Eischnee unter die Quarkmasse heben, dann vorsichtig den Rest.
Alle Strudelblätter ausbreiten und mit Butter bestreichen. Jedes Blatt mit je einem Viertel der Quarkmasse füllen und zu einem Strudel rollen. Die Strudel nebeneinander in eine gefettete feuerfeste Form legen.
Die Milch mit der Crème fraîche, dem Vanillezucker und den restlichen 2 Eiern verrühren und über die Strudel gießen. Dieselben im vorgeheizten Backofen erst 15 Minuten, dann bei 150 Grad weitere 45 Minuten backen.
Mit Puderzucker bestreuen und noch lauwarm mit einem aromatischen Obstkompott, zum Beispiel Aprikosen, servieren!

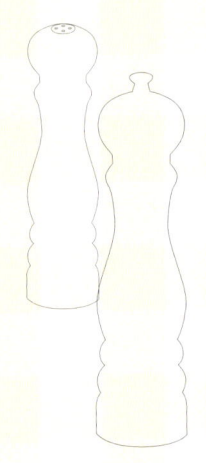

☞ Ein vanilliger Genuss zum Kaffee oder als festliches Dessert.

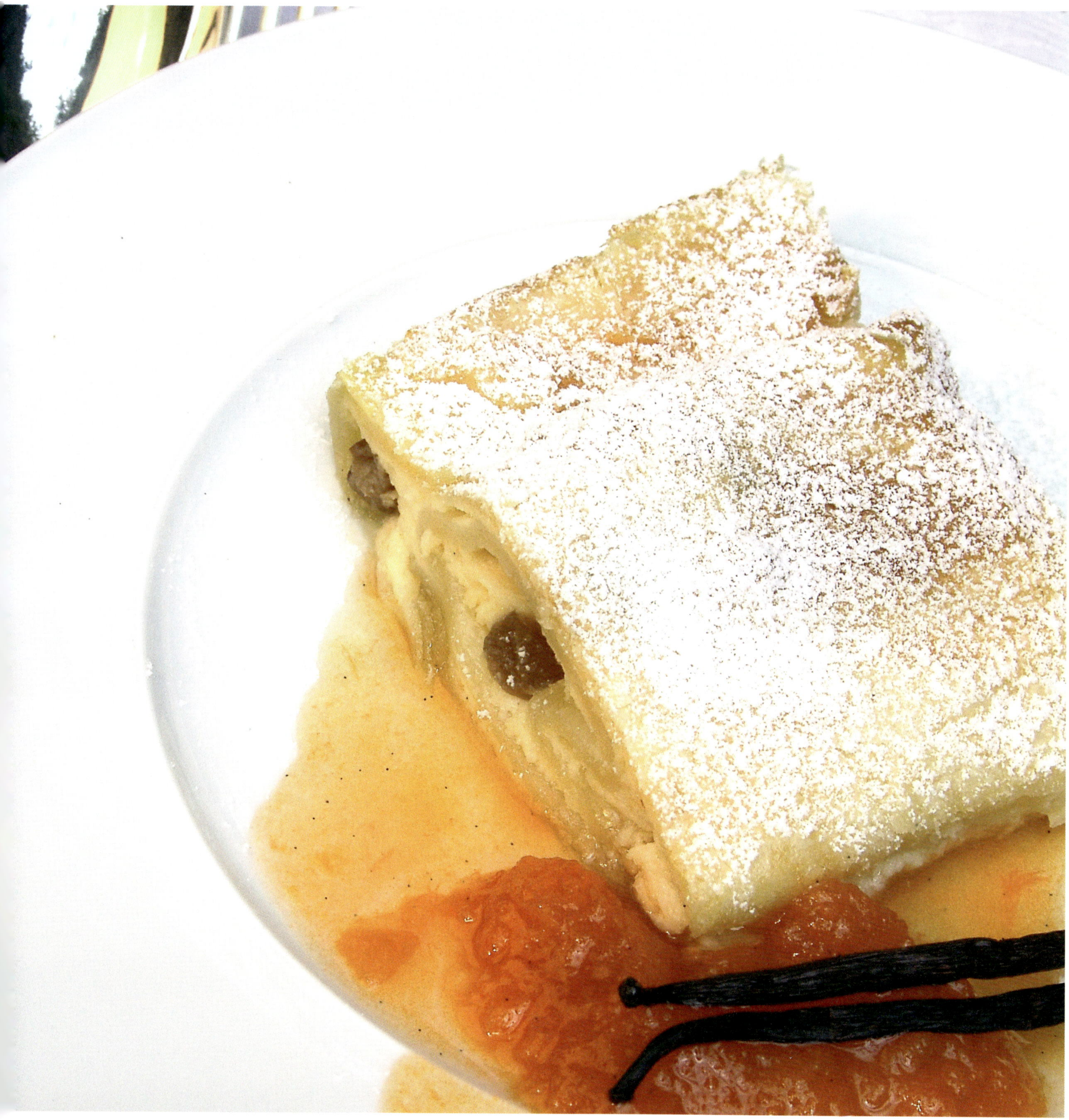

Nordafrika – Minze und Harissa

Die Küche Nordafrikas schöpft ihren Reichtum aus einer langen und bewegten Geschichte. Der gesamte Maghreb – das ist die Kulturlandschaft zwischen Atlantik und Rotem Meer – trägt das kulturelle Gepräge einer Vielzahl von Völkern, die als Eroberer, Immigranten oder Handeltreibende über die Jahrhunderte ihre Spuren hinterlassen haben.

Von der berberischen Urbevölkerung übernahmen Marokkaner, Tunesier und Ägypter die einfachen, rustikalen Gerichte auf Grundlage von geschrotetem Weizen und Grieß für die allgegenwärtigen Couscousgerichte nebst verschiedenen aromatischen Kräutern und Gewürzen. Die Araber, die im 7. Jahrhundert aus dem Orient kamen, um den Norden Afrikas zu erobern, ließen sich seit dem 9. Jahrhundert in der marokkanischen Stadt Fes nieder. Sie brachten das Raffinement der damals bereits in Blüte stehenden Kultur Bagdads mit. *Kitab el tabih*, ein kulinarisches Werk, das ein Gourmet aus Bagdad namens Chamseddine el Baghdadi im Jahre 1226 verfasst hatte, kursierte in jener Zeit in Kairo, Tunis, Algier und Fes. Aus der arabischen Küche stammte eine neue Art der Fleisch- und Geflügelzubereitung, bei der die Soße kurz vor Ende der Garzeit eingekocht und mit exotischen Gewürzen wie Safran, Muskatnuss oder Ingwer verfeinert wurde. Die Omaijaden aus Syrien wiederum hinterließen ihre Süßspeisen und Backwaren aus Weizenmehl, Öl, Honig, Mandeln und Pistazien.

Doch den zweifellos größten Einfluss, gerade auf die Essgewohnheiten Marokkos, hatten die andalusischen Araber. Im 15. Jahrhundert waren sie nach acht Jahrhunderten Besatzung im Zuge der Reconquista von der Iberischen Halbinsel vertrieben worden. 1492 fiel mit Granada die letzte islamische Bastion auf spanischem Boden. Die Flüchtlinge ließen sich in Tétouan, Fes und Rabat nieder. In diesem urbanen Milieu, das bis heute nichts von seiner intellektuellen und künstlerischen Strahlkraft eingebüßt hat, konnte die Mischung aus arabischer, christlicher und jüdischer Esskultur hervorragend gedeihen: Alle möglichen Sorten Fleisch, Fisch und Gemüse erweiterten die Vielfalt und Zusammenstellung der bereits existierenden Küche, neue Gewürze die Palette der Aromen. So sind bei-

☞ Ob frisch in Tabouleh oder getrocknet im Tee – Minze findet in Nordafrika täglich Verwendung.

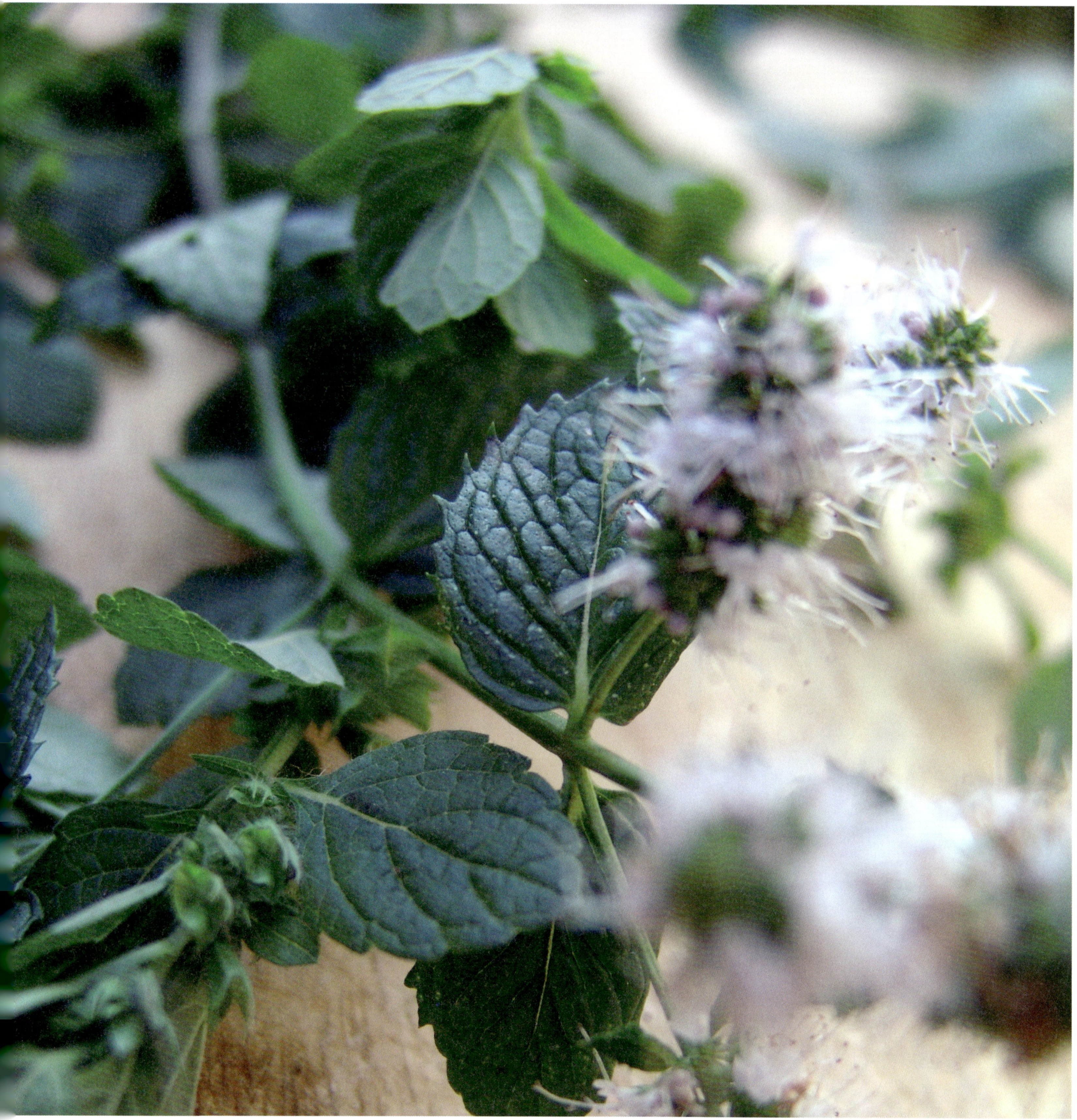

spielsweise die berühmte *Tagine* mit Backpflaumen, Tauben-B'stila mit geriebenen Zwiebeln, Petersilie, geschälten Mandeln und Zimt, Tagine mit Zitronen und Oliven sowie viele gefüllte Fleisch- und Gemüsegerichte als Erbe der andalusischen Küche anzusehen. Tagine nennt man runde Schmorgefäße aus gebranntem Ton und die darin zubereiteten Mahlzeiten.

Afrikanische Impulse datieren sicher noch viel weiter zurück, als Wüstenkarawanen neuartige Gewürze, Gemüsesorten und exotische Früchte aus dem Sudan nach Norden brachten und der Nil eine seit Jahrtausenden existierende Handelsstraße nach Ostafrika darstellte.

Hinzu kommen osmanische Einflüsse. Der gesamte Nordosten Afrikas war vom Beginn des 16. Jahrhunderts bis 1830 türkisch besetzt. Würzig marinierte Grillgerichte und Fleischspieße von Lamm, Hammel, Rind oder an den Küsten auch von Fisch haben die Türken mit ins Land gebracht. Die *Briuats*, dreieckige Teigtaschen aus Filoteig mit einer pikanten Füllung, oder der *meschwi*, ein über dem offenen Feuer im Ganzen gebratenes Lamm, sind ebenfalls ein ferner Nachhall osmanischer Kochkunst.

Überhaupt ist die gesamte Lebens- und Festkultur stark religiös muslimisch geprägt. Ob bei der Rückkehr aus Mekka, zur Begrüßung eines neuen Erdenbürgers, bei Hochzeiten oder beim Empfang eines Gastes – die Anlässe feierlicher und ritualisiert ablaufender Essensgelage im Namen *Allahs* sind vielfältig. Die Zahl der Gänge überrascht ebenso wie der zeitliche Aufwand bei der Zubereitung all der Köstlichkeiten.

Dabei obliegen das Kochen und die Besorgung der Zutaten traditionell den Frauen. Sie sind es, die in einer noch immer fast schriftlosen Kultur von Generation zu Generation überliefertes Wissen und ein ganzes Repertoire fachkundiger Handgriffe weitergeben. Mit untrüglicher Kennerschaft wählen sie auf den *souks* das frischeste Gemüse und Fleisch aus, ihre Hände erfühlen unfehlbar die richtige Konsistenz eines Teiges für Brot oder Süßspeisen. Augenmaß und Gefühl gehören auch dazu, wenn der Grieß für einen Couscous zwischen den Handflächen gerieben werden soll. Auch sind ihnen die althergebrachten Einmachmethoden für Zitronen, Fleisch, Oliven und Fisch bekannt. Stets kaufen sie auf den Märkten nur kleine Mengen Gewürze ein, da sich deren Aroma schnell verflüchtigt. Gewürzmischungen oder Gewürzpasten, von denen die nordafrikanische Küche viele kennt, werden lieber selbst gemischt und setzen ebenfalls Erfahrung und Kennerschaft voraus. Einige Gewürze und Kräuter wie Zwiebeln, Knoblauch und Koriandergrün müssen – zumal bei lange in den tönernen *tagines* kochenden Speisen – unbedingt bereits zu Beginn der Garzeit hinzugegeben werden. So kann ihr Aroma Fleisch und Gemüse durchdringen. Andere hingegen, wie zum Beispiel Kreuzkümmel, Zimt oder Muskatnuss, werden erst zum Ende hin beigefügt; ihr Geschmack wäre sonst zu intensiv oder zu dominant.

Der Hausherr hat mit der unmittelbaren Zubereitung der Speisen nichts zu tun. Er erfüllt aber die eigentliche Gastgeberrolle, indem er das Mahl mit der *bismillah*-Formel im Namen Gottes eröffnet und mit dem *hamdullilah* Gott für seine reichen Gaben dankt. Am Schluss des Essens kocht der Gastgeber den Minztee und reicht ihn seinen Gästen zusammen mit den vorbereiteten Süßigkeiten. An großen Festtagen gehört zu seiner Gastgeberpflicht auch das Bereiten des Lammbratens am Spieß.

☞ Das Aroma der geriebenen Muskatnuss ist in der europäischen Küche heute unverzichtbar geworden.

Gewürze und Aromen, die zu Küche und Lebensalltag Nordafrikas gehören:

Anis und Sesam

Mit diesen beiden Gewürzen bestreutes Fladenbrot ersetzt im gesamten Maghreb das Besteck. Es ist bei jeder Mahlzeit in reichlicher Menge vorhanden.

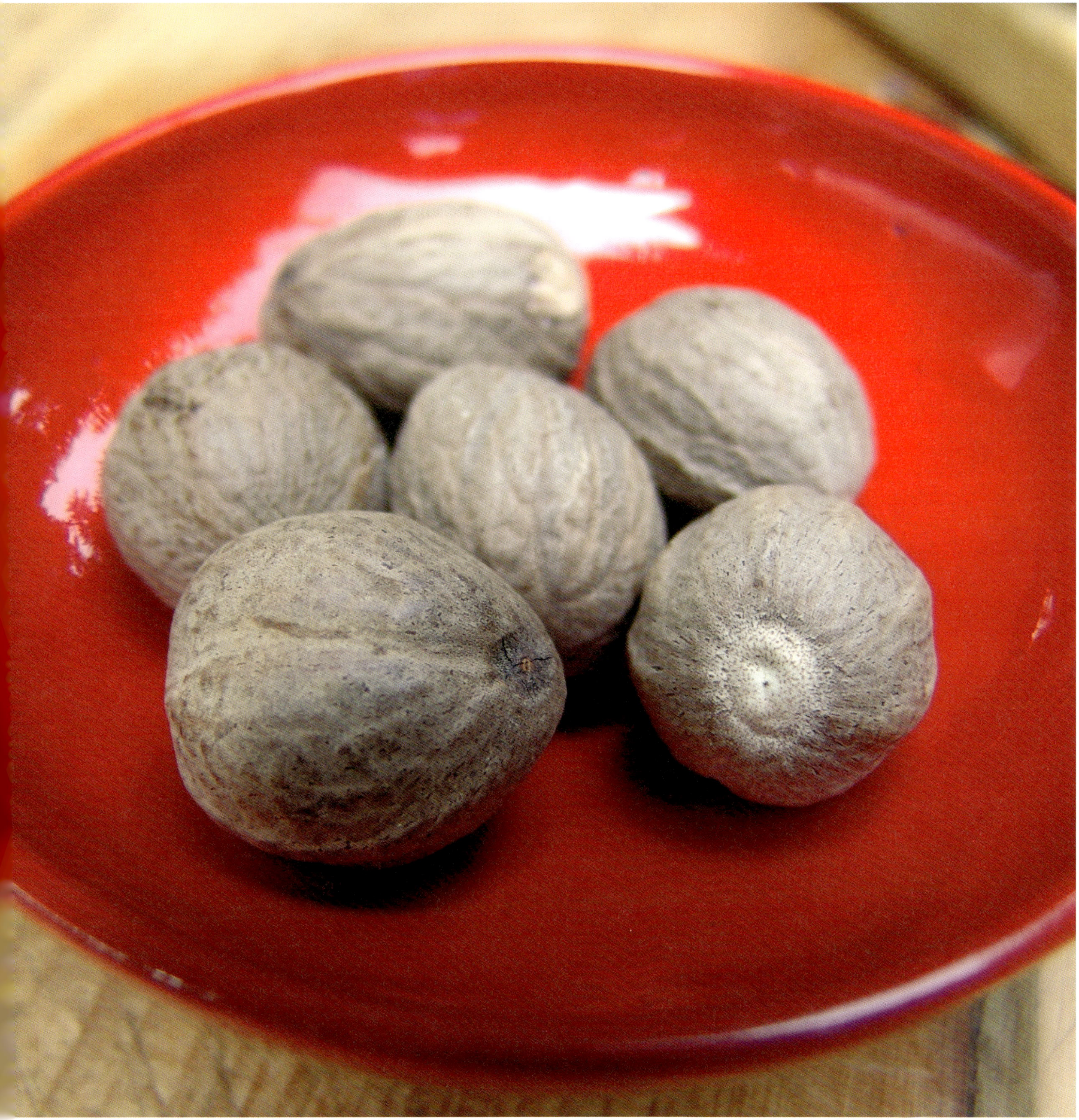

Orangenblütenwasser

Damit wird der Raum, aber auch das Wasser des Handwaschbeckens beduftet, das *vor* und *nach* dem Mahl unter den Gästen kreist. Orangenblütenwasser beruhigt, schmeichelt den Sinnen und hat im muslimischen Kulturkreis sakrale Bedeutung. Man benetzt das Haar der jungen Braut damit und besprüht das Grab eines Verstorbenen mit dem betörenden, aus Bitterorangen gewonnenen Duft.

Kurkuma, Zimt, Koriandergrün, Paprika, Bockshornklee

All diese Aromen sind in den typischen nordafrikanischen *tagines* zu finden.

Harissa

Diese pikante Gewürzpaste besteht aus zerkleinerten getrockneten *roten Chilischoten*, *Olivenöl*, zerstoßenen *Korianderkörnern*, *Knoblauch*, *Salz* und *Kreuzkümmelsamen*. Sie wird in den Küchen Marokkos, Tunesiens und Algeriens häufig verwendet. Man reicht Harissa als Dip zu gegrilltem Fleisch, rührt sie in Suppen und Eintöpfe oder gibt sie an eine Soße zu Couscous. Jede nordafrikanische Köchin schwört auf »ihr« Rezept für Harissa.

Ras el Hanout

Jeder marokkanische Gewürzhändler hat sein eigenes Rezept für Ras el Hanout, das »Haupt des Ladens« bedeutet. Die Mischung kann bis zu zwanzig verschiedene Gewürze enthalten – unter anderen *Zimt, Kardamom, Chilies, Kreuzkümmel, Koriander, Salz, Pfeffer, Ingwer, etwas Muskat, einige getrocknete Blüten und eine Würzzutat mit aphrodisierender Wirkung*. Das bleibt das Geheimnis des Gewürzhändlers!

La Kama

Sehr beliebte Gewürzmischung in Marokko, vor allem in Tanger. Mit ihren lediglich fünf Bestandteilen *Ingwer, Kurkuma, Muskatnuss, schwarzer Pfeffer und Zimt*, die selbstverständlich alle gemahlen werden, lässt sie sich leichter herstellen als Ras el Hanout. Sie gibt Suppen und *tagines*, besonders vom Lamm, die besondere Note.

Chermoula

Würzpaste, die ebenfalls dem marokkanischen Gaumen mundet, der es gerne scharf hat. Die Mischung kann man selbst herstellen. Sie wird auf der Basis von Olivenöl angerührt und enthält fein gehackte *Zwiebeln, Knoblauch*, gehackte frische *Minze* und ebenfalls zerkleinertes frisches *Koriandergrün, Salz, Pfeffer, Paprika- und Chilipulver* und eine kräftige Prise *Safranfäden*.

Eingelegte Zitronen

Im Gegensatz zu anderen Mittelmeerländern, wo man Zitronen nach dem Trocknen in *Öl* oder *Essig* haltbar macht, werden die Zitrusfrüchte in Nordafrika in *Salz* eingelegt. Dazu bevorzugt man in Marokko die dünnschalige *doqq*-Zirone. Nachdem die Früchte einige Wochen in ihrer Salzmarinade gelegen haben, werden sie zerteilt und eignen sich als Würze für *tagines* und andere Schmorgerichte.

Smen

Geklärte Butter, die mit getrockneten Kräutern aromatisiert und mit Salz gewürzt ist. Diese im Tontopf gereifte, mehrere Monate lang haltbare Würze wird vor allem in den kargen Regionen des Hohen Atlas verwendet und begleitet oft einfachste Mahlzeiten.

Minze

Auf den nordafrikanischen *souks* oder von umherziehenden Straßenhändlern wird frische Minze gleich büschelweise angeboten. In der Küche findet sie alltäglich, wenn auch maßvoll Verwendung. In üppigen Mengen würzt sie den unverzichtbaren Minztee, der jede Mahlzeit im Maghreb beschließt.

Honig

Im Islam hat der Honig fast sakrale Bedeutung, wie folgender Koranvers belegt: »Aus dem Schoße der Bienen fließt ein leuchtender Saft, in dem der Mensch Heilung findet«. Er ist denn auch auf dem Speiseplan der Berber, meist nur mit Brot und einem Glas Minztee genossen, ein wichtiger Posten. Unzählige kleine Gebäckstücke – ob zum Fastenbrechen während des *Ramadan* oder an Festtagen – werden mit einer Honigglasur überzogen. Honig verfeinert aber auch die Soßen von *tagines* und gibt ihnen die richtige Konsistenz. Im Atlasgebirge ist es Sitte, dass die junge Braut sich vor der Zubereitung ihres ersten Couscous die Hände mit Honig einreibt – die Milde und Sanftheit des Honigs sollen sich auf sie übertragen.

Tabouleh

Zutaten für 4 Personen

200 G FEINER BULGUR ODER COUSCOUS (AUS DEM ORIENTLADEN ODER DEM REFORMHAUS)
2–3 BUND PETERSILIE
1/2 BUND MINZE
3 SONNENREIFE TOMATEN
4 FRÜHLINGSZWIEBELN
1 GRÜNE CHILISCHOTE
5 ESSLÖFFEL ZITRONENSAFT
5 ESSLÖFFEL OLIVENÖL
SALZ
GEMAHLENER SCHWARZER PFEFFER

Zubereitung

Bulgur oder Couscous in eine Schüssel schütten. So viel Wasser (lauwarm) darüber gießen, dass die Körner davon bedeckt sind. 20 Minuten quellen lassen.
In der Zwischenzeit die Kräuter waschen und trockenschütteln. Blättchen abzupfen und sehr fein hacken. Die Stielansätze aus den Tomaten herausschneiden. Kochendes Wasser über die Tomaten gießen, diese danach kalt abschrecken, häuten und halbieren. Die Zwiebeln vom Wurzelansatz befreien, waschen und ebenfalls sehr fein schneiden. Chili waschen und der Länge nach aufschneiden.
Getreide in einem Sieb abtropfen lassen. Eine gut durchgerührte Marinade aus Zitronensaft, Öl, Salz und Pfeffer bereiten. Unter die Körner rühren. Gemüse, Chili und Kräuter hinzufügen und alles gut vermengen. Abschmekken! Bei Bedarf nachwürzen und sofort servieren.
Dazu schmeckt frisches Fladenbrot!

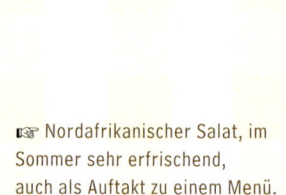

☞ Nordafrikanischer Salat, im Sommer sehr erfrischend, auch als Auftakt zu einem Menü.

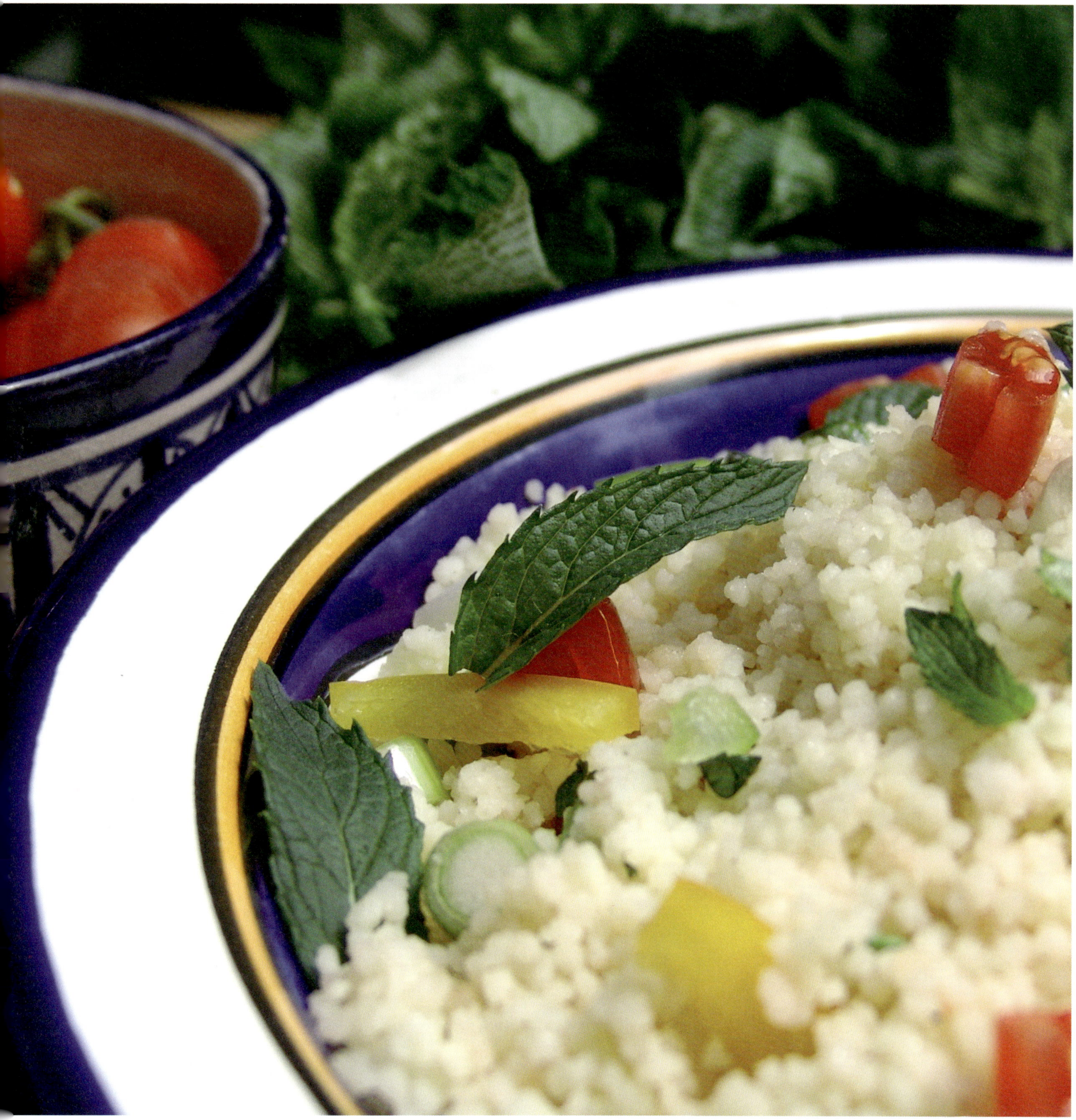

Spanien und Portugal – Rosmarin und Orange

Am Beispiel der Gewürzkultur auf der Iberischen Halbinsel lässt sich plastisch verfolgen, wie geschichtliche Entwicklungen Ess- und Würzgewohnheiten prägen oder wie – umgekehrt – kulinarische Vorlieben machtpolitisches Vorgehen beeinflussen können.

Zur Erinnerung: 5000 Jahre lang hatten die Araber den Gewürzhandel, der sich vom Vorderen Orient bis zum östlichen Mittelmeer erstreckte, kontrolliert. Voraussetzungen dafür waren Transportmöglichkeiten und genaue geografische Kenntnisse. So beförderten Kamel- oder Eselkarawanen aus China, Indonesien, Indien oder Ceylon kommend auf gefährlichen Wegen Zimt, Kurkuma, Kassia, Pfeffer, aber auch Weihrauch, Porzellan und Juwelen. Über Jahrhunderte hinweg waren die arabischen Gewürzhändler darauf bedacht, die Gewürzrouten geheim zu halten. Beeindruckend ist der Einfallsreichtum an Legenden und Märchen, den sie aufbrachten, um die Herkunft ihrer Handelsware zu verschleiern. Das erklärt vielleicht, wieso sich fremdartige Gewürze in der Fantasie der Europäer frühzeitig mit waghalsigen Abenteuern und – im Wortsinn – mit dem Aufbruch zu neuen Ufern verbunden haben.

Erst Jahrhunderte später, nachdem westeuropäische Kreuzritter ins Heilige Land aufgebrochen waren, gab es eine erste unmittelbare Berührung mit exotischen Gewürzen. Allmählich fanden diese dann im 12. und 13. Jahrhundert eine relative Verbreitung in Italien, Spanien, Frankreich oder gar dem Deutschen Reich.

Mit dem Erstarken eines städtischen Bürgertums, das nicht selten seinen Reichtum aus dem Gewürz- und Fernhandel bezog, stieg die Nachfrage nach den raren Spezereien aus fernen Ländern. Stadtstaaten wie Venedig und Genua, die abwechselnd über Jahrhunderte den Gewürzhandel im Mittelmeerraum kontrolliert hatten, drohten außerdem politisch an Raum zu gewinnen.

Immer klarer brachten es auch die technischen Innovationen der Frühen Neuzeit an den Tag: Wer über Fachwissen beispielsweise in der Konstruktion wendigerer Segelschiffe, in der Schiffsnavigation und letztlich über genügend Geld verfügte, dem würde es gelingen, einen neuen Seeweg zu den bereits im 13. Jahrhundert von Marco Polo

☞ Frischer Rosmarin gehört in viele spanische Gerichte.

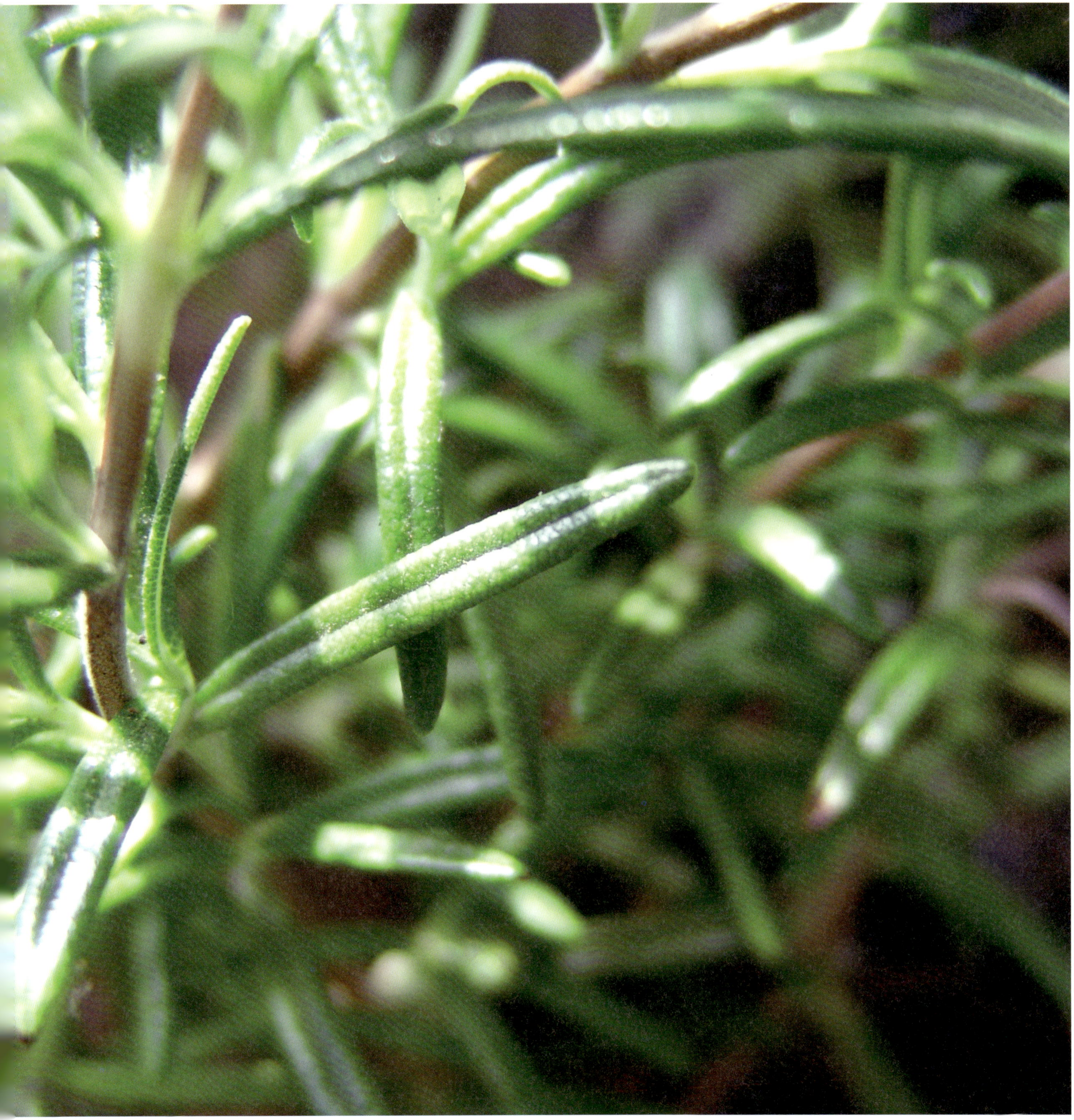

beschriebenen Gewürzinseln zu finden. Von jeher hatten Portugiesen und Spanier darin einen besonderen Pioniergeist.

Prinz Heinrich von Portugal, genannt der Seefahrer, tat einen ersten Schritt zur Entdeckung neuer Erdteile, als er 1418 an der äußersten Südwestspitze seines Reiches eine Seefahrerschule gründete. In der Folge wurden Expeditionen entlang der Westküste Afrikas unternommen. 1498 gelang es dann dem portugiesischen Seefahrer Vasco da Gama, das Kap der Guten Hoffnung zu umfahren und die Ostpassage nach Indien zu finden. Nach erbitterten Kämpfen mit den Arabern konnte Portugal an der indischen Malabarküste Fuß fassen und das venezianisch-arabische Handelsmonopol brechen.

Kurz zuvor, 1492, hatte das spanische Königshaus Christoph Kolumbus mit drei kleinen Karavellen ausgestattet, um eine westliche Route nach Indien auszukundschaften. Die Folgen seines Wagemuts sind bekannt: Er hatte einen bis dahin von der europäischen »Zivilisation« noch unberührten Kontinent entdeckt. Eine erste Weltumsegelung und die Entdeckung der begehrten Gewürzinseln zu Wasser gelang erst 1520 dem Portugiesen Magellán. An diese spektakulären Entdeckungen schloss sich eine beispiellose Eroberungs- und Ausbeutungspolitik an, in die auch andere rivalisierende Seemächte, allen voran Holland und England, zunehmend verwickelt waren.

Ob es um den Anbau von Gewürzen ging oder ganz allgemein um die Sicherung der einmal gewonnenen Vormachtstellung auf fremden Erdteilen – fast immer wurden die Entdecker zu Eroberern und gingen gegen die Eingeborenen mit Grausamkeit und Härte vor.

Was hat die Erschließung neuer Kontinente jedoch für die Küche der Alten Welt gebracht? Konnten die Entdecker Amerikas auch keinen Pfeffer mit nach Hause bringen, so doch außer Gold und Silber neue, bisher unbekannte Gewächse: Mais, Tomaten, Paprika und Kartoffeln; an neuen Gewürzpflanzen immerhin Chili, Piment und Vanille. Spanier und Portugiesen machten diese Pflanzen zuerst im eigenen Mutterland heimisch. Andere Europäer begegneten den Mitbringseln der Seefahrer Jahrzehnte wenn nicht gar Jahrhunderte lang misstrauisch. Als bestes Beispiel hierfür darf die Kartoffel gelten, die erst Friedrich II. von Preußen Mitte des 18. Jahrhunderts als nahrhafte Armenkost etablieren konnte. In Portugal schätzte man sie schon lange vorher als einfache Beilage zum Fisch und tut dies noch heute.

Mitunter sind neue Kulturpflanzen an die Stelle altbekannter getreten. So waren Kastanien und das aus ihnen gewonnene Mehl ein selbstverständlicher Bestandteil der iberischen Küche gewesen. Der enorme Holzverschleiß für die Schiffe der Eroberer brachte es jedoch mit sich, dass die Kastanienwälder immer mehr verschwanden. Dafür gewann der Mais, der selbst im unwirtlichsten Hochland Zentralspaniens gedeiht, an Verbreitung und Ansehen. Neben dem kulinarischen Einfluss der neu entdeckten Länder und Kontinente darf derjenige der Mauren nicht vergessen werden, der bis heute besonders in Südspanien deutlich spürbar ist. Muslimisch angehaucht sind dort die Würzmethoden für Süßspeisen (Safran, Honig, Rohrzucker), aber auch die Zubereitungsarten und Darreichungsformen pikanter Gerichte. Man sagt, dass die Tradition der *tapas* und das ursprünglich gemeinschaftliche Essen einer *paella*, arabischen Formen einer ebenso gastfreundlichen wie kultivierten Form der Geselligkeit entspringen. Darüber hinaus liebt die iberische Küche ähnlich der italienischen den puren, geradlinigen Geschmack marktfrischer Zutaten und Kräuter. Viele Gerichte sind buchstäblich aus der (materiellen) Not ihrer Erfinder geboren, setzen aber auf liebevolle Zubereitung, Muße und Genussbereitschaft der Esser. Fangfrischer Fisch und andere Meeresfrüchte sind beliebt und kommen häufiger als anderswo rund um das Mittelmeer gegrillt auf den Tisch. In manchen Regionen wird vielleicht schärfer gewürzt (mit Chili) – als vergleichsweise in Italien. Wie dort spielt Rosmarin auch in der iberischen Küche eine wichtige Rolle.

Den Wein zu einer solchen Küche wünscht man sich in Spanien kräftig und alkoholbetont. Auch Portugal hat allein 500 Rebsorten, die es sonst nirgendwo auf der Welt gibt.

☞ Orangen dienen in Spanien nicht nur der Erfrischung, sondern verfeinern auch Fleischgerichte.

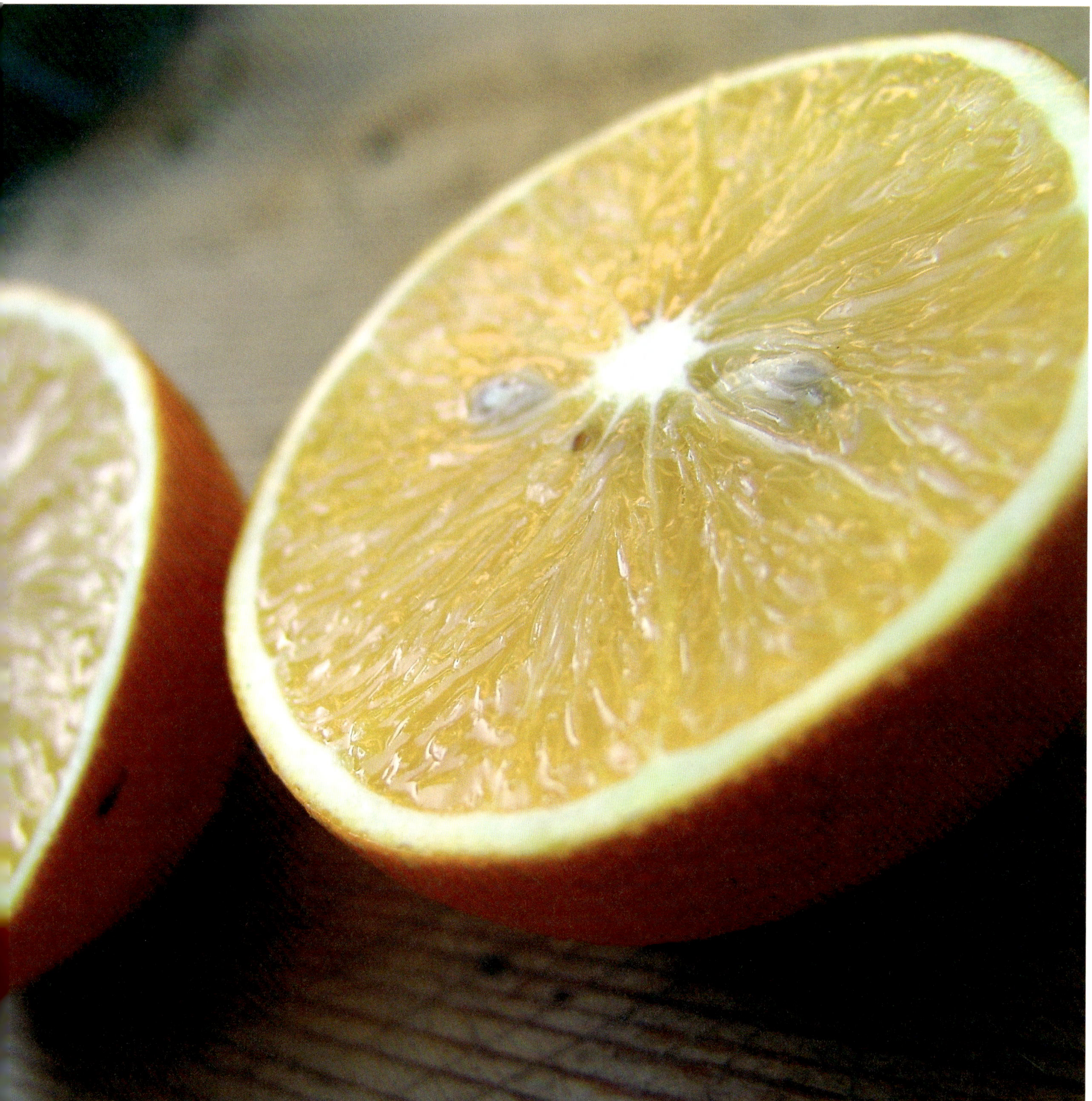

☞ Nelken gehören unbedingt in die Perdizes con naranjas und verfeinern deren Aroma.

Einige typische Gerichte von der Iberischen Halbinsel:

Gazpacho Córdoba

Dieser andalusische Gazpacho war ursprünglich ein Arme-Leute-Essen. Auch heute ist es eine beliebte Möglichkeit, Brotreste zu verwerten. Vollreife oder eingelegte *Tomaten*, *Knoblauch*, *Weinessig* und *Pfeffer* geben ihr die gewünschte Würze. Im Sommer erfrischt der Gazpacho eiskalt genossen, im Winter wärmt er den Magen.

Perdizes con naranjas

Dieses Wildgericht aus Sevillas Hinterland vereint Rebhühner aus den dortigen Weinbergen aufs Köstlichste mit andalusischen *Orangen*. Die Garmethode des Schmorens ist hierbei ideal, da auch eventuell ältere Vögel schonend gar werden. Ein Bund *Thymian*, trockener *Sherry*, *Nelken*, *schwarzer Pfeffer* aus der Mühle und sehr fein geschnittene Scheiben *Serrano-Schinken* geben diesem südspanischen Sonntagsgericht eine unverwechselbare Note.

Paella valenciana

Die unentbehrliche Grundlage einer jeden Paella bilden Reis, *Olivenöl*, *Safran* und Wasser. Alle anderen Gemüse- und Fleischzutaten sind der Fantasie des Kochs überlassen und richten sich nach dem frischen Angebot der Märkte. Viele Spanier schwören auf den wild wachsenden *Knoblauch* oder die nährstoffhaltige *Spanische Golddistel* als Würzmittel für ihre Paella. Schnecken oder grüner Spargel sind ein zusätzlicher Reiz für Auge und Gaumen.

Pisto manchego

Dieser einfache, aber sehr schmackhafte Gemüseeintopf auf der Basis roter Paprikaschoten, festfleischiger Auberginen, Zucchini und Tomaten ist ein typisches Gericht aus dem kargen Hochland der Mancha. Mit reichlich *Knoblauch*, *Zwiebeln*, getrocknetem *Oregano* und *Chilipulver* gegart, schmeckt er lauwarm oder kalt auf einer Scheibe frischem Landbrot. Geriebener *Manchego-Käse* macht diese schlichte Mahlzeit zum Hochgenuss.

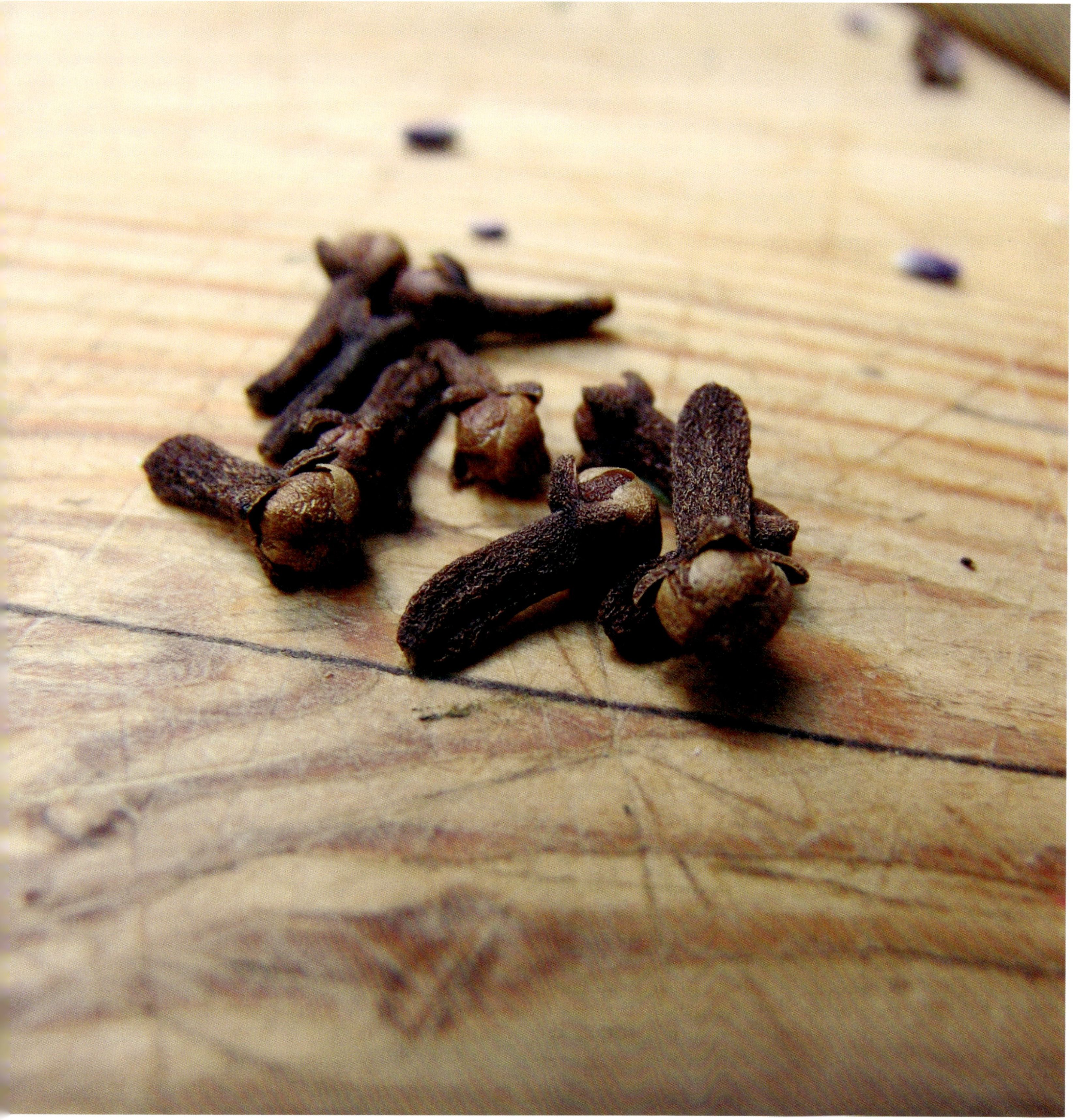

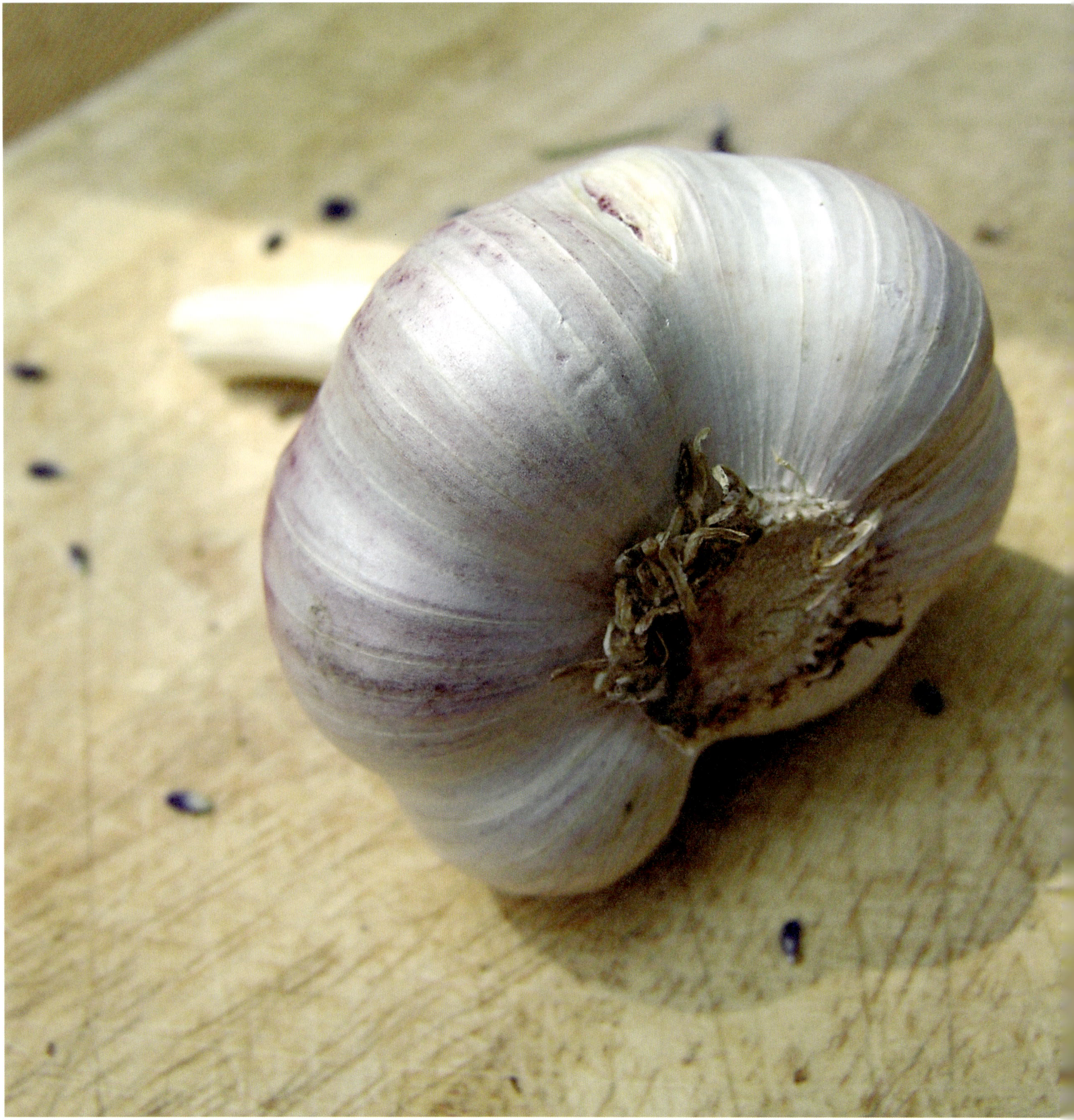

☞ Knoblauch verleiht vielen Speisen auf der Iberischen Halbinsel erst den charakteristischen Geschmack.

Salsa verde

Die baskische Küche verwendet bekanntlich viermal so viel *Petersilie* wie die übrige spanische Küche. Die köstliche Würzpaste aus diesem Kraut, *Olivenöl* und *Knoblauch* begleitet viele bodenständige Fischmahlzeiten oder aber Kastanien- und Bohnengerichte, die sich aus präkolumbianischer Zeit erhalten haben.

Tortilla españa

Dieses deftige Eier-Kartoffelomelett ist in ganz Spanien anzutreffen. Zwischen zwei Scheiben Weißbrot geklemmt, diente das Gemüse aus der Neuen Welt schon früh den Feldarbeitern als Zwischenmahlzeit. Warm und aufs Schlichteste mit *Zwiebeln, Salz und Pfeffer* gewürzt, kann eine Tortilla ein großer Genuss sein.

Sobrassada

Eine weiche Wurst von den Balearen, die ihre Entstehungsgeschichte dem feuchten Meeresklima verdankt, das Lufttrocknen wie auf dem Festland nicht zulässt. Gerebelter *Oregano* und *Majoran, Bauchspeck* vom Schwein und *Paprikapulver* geben ihr den unverwechselbaren Geschmack. Man trifft sie in vielen Inselgerichten an: in Eintöpfen, als Brotaufstrich, in kleinen Pasteten aus Brotteig.

Pastéis de Santa Clara

Wie vielerorts auf der Iberischen Halbinsel sind auch in Portugal die Klöster ein Hort vielfältiger, nicht selten aufwändiger Patisserie. Nach alter Tradition dienen die Naschereien dabei oft als wohlschmeckende Fastenspeise und begleiten die Namenstagsfeste unzähliger Heiliger. Diese filigranen Hörnchen aus buttrigem Mürbeteig sind mit einem delikaten Püree aus *Rohrzucker,* gemahlenen *Mandeln* und gekochten *Kichererbsen* gefüllt. Die Nonnen des berühmten Klosters Nossa Senhora da Conceição in Beja würzen die Füllung mit *Kürbiskonfitüre* und einem Hauch *Nelkenpulver* sowie *Zimt*. Dazu einen recht schwarzen Kaffee – köstlich!

Turrón

Diese nougatähnliche, sehr gehaltvolle Leckerei aus der Levante (Südspanien) kann ihre maurischen Wurzeln nicht verleugnen. Die Süßspeise aus geschälten, gerösteten und zerkleinerten *Mandeln* wird traditionell im Spätherbst und um Weihnachten herum gegessen. Eiweiß und *Honig* geben den Nüssen Halt und Würze, so dass sie sich recht haltbar zu Tafeln pressen lassen.

Rossejat de fideus a la marinera

Zutaten für 6 bis 7 Personen

900 G FISCH UND KRUSTENTIERE (ZUM BEISPIEL ROTBARSCH, AAL, GARNELEN)
4 ESSLÖFFEL OLIVENÖL
1 GROSSE ZWIEBEL, FEIN ZERKLEINERT
500 G FESTE, REIFE TOMATEN, ABGEZOGEN UND GEWÜRFELT
200 ML WEISSWEIN
6 KNOBLAUCHZEHEN, DER LÄNGE NACH HALBIERT
450 G SPANISCHE FIDEUS (FADENNUDELN) ODER KLEIN GEBROCHENE SPAGHETTI
900 G MEERESFRÜCHTE, GEMISCHT, JE NACH LAUNE DER KÖCHIN/DES KOCHS UND DEM ANGEBOT DES FISCHHÄNDLERS (ZUM BEISPIEL MIESMUSCHELN, VENUSMUSCHELN, TINTENFISCHE, LANGUSTEN)

FÜR DIE PICADA (KATALANISCHE WÜRZPASTE AUS MANDELN UND KNOBLAUCH)

2 ESSLÖFFEL OLIVENÖL
2 ESSLÖFFEL GESCHÄLTE MANDELN
2 KNOBLAUCHZEHEN
2 ESSLÖFFEL FEIN GEHACKTE PETERSILIE
1/2 TEELÖFFEL SCHARFES PAPRIKAPULVER
1 TEELÖFFEL ZIMT
6 SAFRANFÄDEN, IN 1 ESSLÖFFEL WARMEM WASSER EINGEWEICHT
SAFT UND ABGERIEBENE SCHALE VON 1 UNBEHANDELTEN ZITRONE

Zubereitung

Fisch und Krustentiere unter fließendem Wasser waschen. Einen Esslöffel Öl in einer breiten Pfanne erhitzen und darin die Zwiebel anrösten. Die Tomaten und 3 Esslöffel Wasser hinzufügen. Zum Garen bringen und die Krustentiere, den Fisch, den Wein und 1,5 Liter kaltes Wasser zugeben und erneut zum Kochen bringen. Kräftig mit Salz würzen.

Die Hitze reduzieren und den Pfanneninhalt 20–30 Minuten köcheln lassen, bis die Brühe einen intensiven Geschmack hat (ruhig einmal abschmecken!). Nun abseihen. Die Brühe wieder in die Pfanne geben; Fisch und Krustentiere in ansprechende, appetitliche Teile teilen und an einen warmen Ort beiseite stellen.

Für die Picada das Öl in einer zweiten Pfanne erhitzen. Mandeln und Knoblauch zugeben und goldfarben werden lassen. Bis auf Zitronensaft und -schale alle restlichen Zutaten hinzufügen und kurz braten. Das Ganze mit dem Mörser oder dem Mixstab pürieren; Zitronensaft und -schale geben der Paste nun eine breiige, homogene Konsistenz. Würzpaste nun beiseite stellen.

Die vorher abgeseihte Brühe erneut erhitzen. Gleichzeitig eine dritte große Pfanne so heiß wie möglich werden lassen und das restliche Olivenöl hineingeben. Die 6 Knoblauchzehen und die Nudeln bei nun reduzierter Hitze hinzufügen und kurz braten. Mit der heißen Brühe aufgießen, so dass die Nudeln bedeckt sind und bei starker Hitze ganz kurze Zeit aufkochen. Feuer wieder verringern und die Nudelbrühe 10–15 Minuten bei schwacher Hitze köcheln lassen. Die Garzeit richtet sich nach der Art der Nudeln, die am Ende des Kochvorganges die Brühe fast vollständig aufgenommen haben sollten. Ähnlich wie bei einem Risotto sollten sie aber immer noch bissfest sein! Nun die Picada einrühren und die Meeresfrüchte auf die Nudeln legen. Vorher die Miesmuscheln – wenn welche dabei sind – getrennt mit kochendem Wasser überbrühen, damit sie sich öffnen.

Das Gericht in der Pfanne auf den Tisch stellen. Katalanen essen traditionell direkt aus der Pfanne! Als Nachspeise schmeckt *mel i mato*, Frischkäse mit Kastanienhonig, verziert mit einer Handvoll grob zerkleinerter Walnüsse.

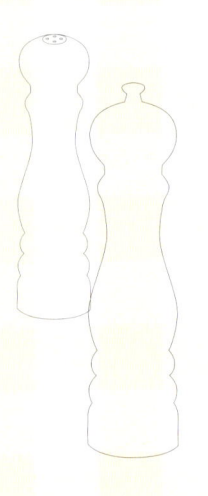

☞ Katalanische Nudelpfanne mit Meeresfrüchten.

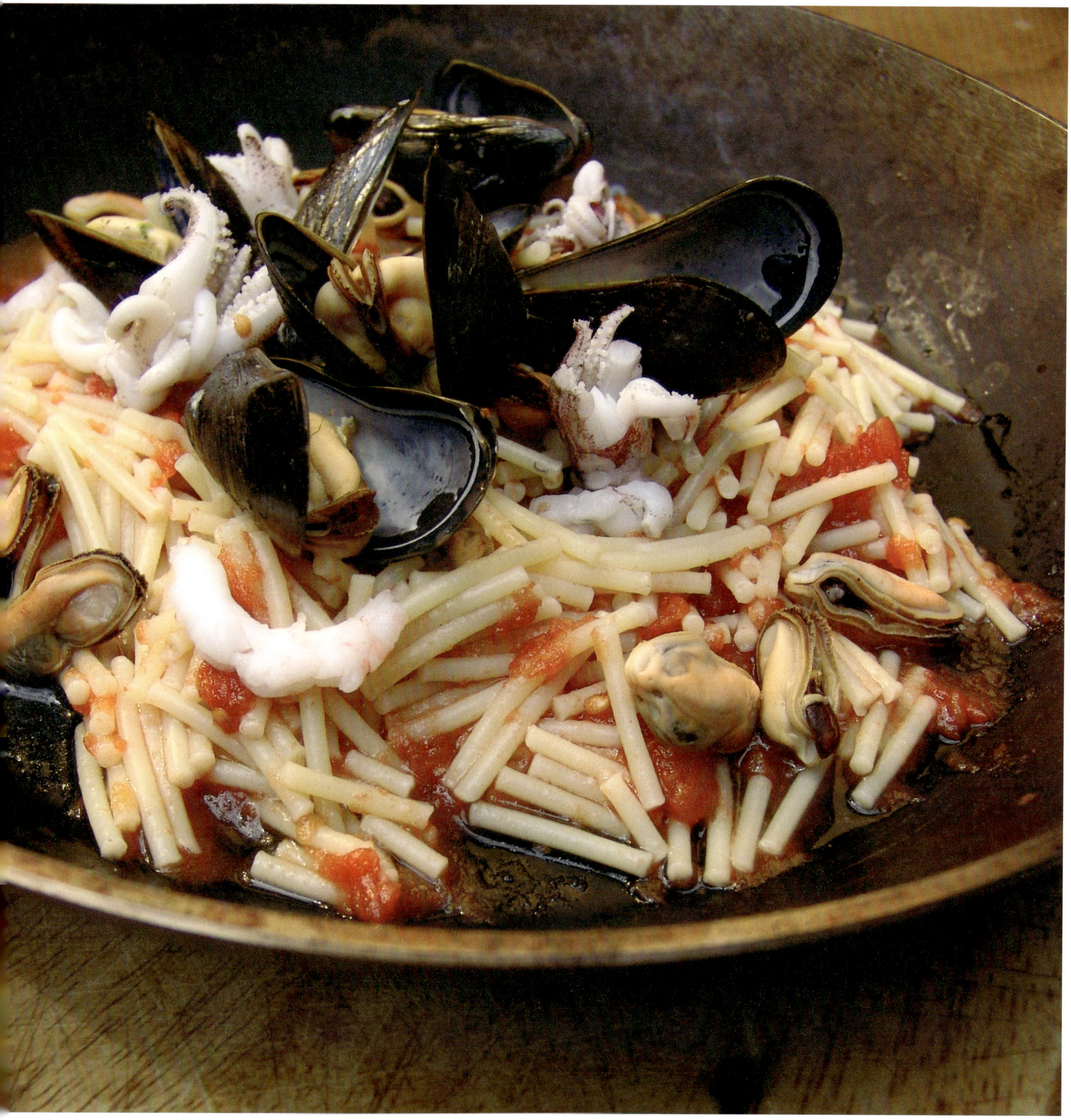

Frankreich – Trüffel und Lavendel

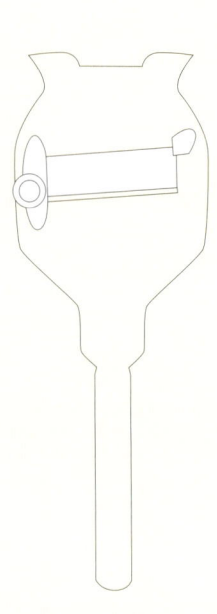

Die Küche Frankreichs gilt zu Recht als die feinste der Welt. Wie andere Kulturgüter auch, gedieh sie am Hof der französischen Könige und stellte eine von vielen Spielarten verfeinerter Lebensart des Hochadels dar. Wichtige Impulse oder eine entscheidende Hinwendung zur Modernität erhielt die französische Hofküche aber erst ab 1533, nach der Vermählung Heinrichs II. mit Katharina von Medici. So brachten die Köche im Gefolge der florentinischen Prinzessin den damals schon hohen Standard der italienischen Kochkunst ins Land. Die Franzosen begegneten den kulinarischen Neuerungen mit eigenem Raffinement. Lange bevor von einer Professionalisierung der Esskultur in Form von Restaurants, Cafés, Hotels oder Bistros im anonymen Raum der Stadt die Rede sein kann, hat der Pariser Stadtadel die – oft sehr kostspieligen – Tafelfreuden des Königs nachgeahmt.

Auch nach der Französischen Revolution von 1789, als viele Köche adliger Familien ihrer Herrschaft aufs Schafott folgen mussten, blieben kulinarische Extravaganzen ein Ausdruck der Lebensfreude, aber auch des sozialen Prestiges (groß-)bürgerlicher Gesellschaftsschichten.

Dabei haben die Stadt Paris und ihre Umgebung, die Île-de-France, gar nicht die Fülle an Rezepten und Würzzutaten zu bieten, die letztlich den Kern der *Haute Cuisine* ausmachen. Worin aber zeichnet diese sich aus, und was macht sie unverwechselbar? Sicherlich die Tatsache, dass sie – früher wie heute – erstklassige Zutaten in nicht selten aufwändiger Form aus allen Provinzen Frankreichs verarbeitet. Gerade die Zubereitungsart von Wild, sei es Fasan, Hirsch oder Wildschwein, geht auf ländliche Rezepte und die jahrhundertealte Tradition des Jagens zurück. Pasteten und Rillettes können ebenfalls ihre ländliche Herkunft nicht verleugnen, sind sie doch eigentlich eine – wenn auch besonders schmackhafte – Methode der Resteverwertung und Haltbarmachung.

Frankreich hat von jeher das Glück der großen geographischen Ausdehnung, die verschiedene Klimatypen und Vegetationszonen umfasst. Das vielfältige und jeweils typische *terroir* ist eine der Voraussetzungen für die Artenvielfalt bei Käse, Wein, Fisch, Obst, Fleisch und Pilzen.

☞ Lavendelblüten verströmen einen wunderbaren Duft und sind herrlich anzusehen. Aus ihnen wird ein delikater Honig gewonnen.

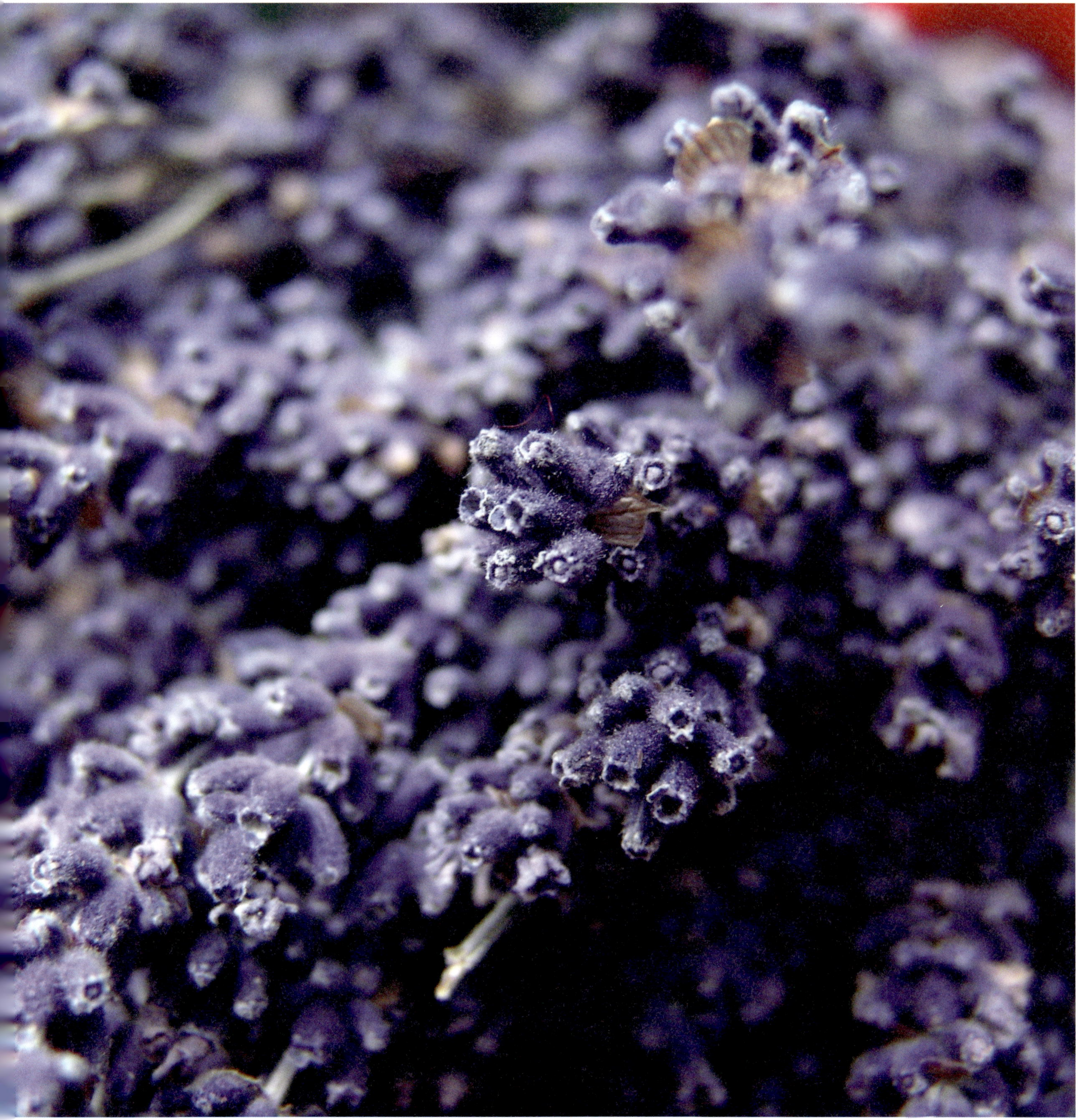

Neben der spezifischen Verwendung von Fett als wichtigem Geschmacksträger – in den meeresnahen nördlichen und den gebirgigen Gegenden Frankreichs in Form von köstlicher Butter oder Crème fraîche, in Südfrankreich eher als aromareiches Olivenöl – hat das Vorkommen verschiedenster Kräuter und Gewürzpflanzen die Herausbildung örtlicher Spezialitäten beeinflusst:

Eine wahre Schlemmermahlzeit aus der Normandie ist die *sole normande*, Seezunge an einer mit Trüffeln aromatisierten Rahmsoße, garniert mit Austern, Krabben und Champignons. Beim *tripes à la mode Caen* aus der gleichen Gegend geht es dagegen schon etwas deftiger zu; diesem Eintopf aus Rinderkutteln und Kalbsfüßen geben Suppengrün, Zwiebeln und Knoblauch sowie die für die Region typischen Getränke *calvados* und *cidre* die nötige Würze. Ähnlich wie in der Normandie spielt in der bretonischen Küche der Fischfang eine außerordentliche Rolle. Sardinen, Langusten und die berühmten Belon-Austern charakterisieren die regionale Küche. Am berühmtesten vielleicht ist die *cotriade*, eine Fischsuppe, gewürzt mit Zwiebeln und Crème fraîche. Der Wein aus dem südlich angrenzenden Loire-Tal, der Muscadet, passt besonders gut zu Fisch und Krustentieren.

Im Bordeaux und in der Dordogne prägen die Gänseaufzucht und die Erzeugung von weltbekannten Spitzenweinen den Speisezettel. Meist kommt das Geflügel sorgsam in einem Sud aus Gemüse, Wein und Gewürzen gegart auf den Tisch. Aber auch die Herstellung der berühmten *foie gras*, die in der Sterneküche nicht fehlen darf, hat hier Tradition.

Das Burgund hat ebenfalls viele Spezialitäten hervorgebracht, denen neben Kräutern gerade der für die Gegend typische Wein ein unverwechselbares Aroma verleiht. Man denke nur an das bekannte *bœuf bourguignon* und den *coq au vin*, beide in bestem Rotwein zu garen! Im Kaninchen in Senfsoße (*lapin à la moutarde*) dagegen sorgt der berühmte Senf aus Dijon für eine würdige Veredelung.

Im Norden Frankreichs, in spürbarer Nähe zum belgischen Nachbarn, besteht der Schmorsud nicht selten aus Bier. So werden *coq à la bière*, aber auch *carbonnade de bœuf* auf der Basis des Gerstensaftes zubereitet; Ersteres ist mit Wacholderbeeren gewürzt, der Rindfleischeintopf dagegen dünstet in Kräutern und Zwiebeln. Kräuterwürze spielt auch bei der Zubereitung der *petits gris* – das sind kleine delikate Schnecken – eine Rolle. Wer gerne Lebkuchen isst, sollte die flämisch beeinflusste Version *pain d'épices* probieren. In der angrenzenden Champagne genießt man zu perlendem Schaumwein ein feines, mit Mandeln gewürztes Gebäck namens *biscuits de Reims*.

Würzt man feine Soßen im Loire-Tal und der Île-de-France mit den milderen Schalotten, so geben die weitaus deftigeren Zwiebeln den herzhaften Spezialitäten aus Elsass-Lothringen ihren unverwechselbaren Geschmack. Erinnert sei an die *tarte flambée*, zu der ein trockener Riesling vorzüglich mundet, oder an den Lothringer Speckkuchen *quiche lorraine*.

Bouquet garni

* *

Bestimmte Kräuter und Lebensmittel ergänzen einander auf nahezu vollkommene Weise. Gerade die französische Küche führt dies in ausgeklügelter Weise vor: Fenchel passt zu Fisch, ein Spritzer Zitronensaft zu Austern, Rosmarin harmoniert gut mit Lamm. Zum sanften Schmoren von weißem Fleisch, zum Beispiel Hähnchenbrüsten, genügt die Beigabe von Salz und eines kleinen Estragonsträußchens. Andere Nahrungsmittel mit von Natur aus kräftigem Eigengeschmack wie die Tomate benötigen ein kräftigeres Kraut zur Unterstreichung – Basilikum.

Es gibt aber auch bestimmte Kräuter und Gewürze, die einander optimal ergänzen. Das *bouquet garni* der klassischen französischen Küche ist ein Kräutersträußchen und besteht aus drei Petersilienstängeln, einem kleinen Thymianzweig und einem kleinen Lorbeerblatt. Für ein Lammgericht bindet man zusätzlich Rosmarin, Bohnenkraut und etwas Minze dazu; Rinderschmorbraten benötigt die Beigabe eines Stückchens Orangenschale, dafür kann die Minze wegfallen; Meeresfrüchte dagegen schmecken am besten, wenn man sie zusätzlich mit Dill, Estragon und Zitronenschale würzt.

Was auch immer auf den Tisch kommen soll – das Kräuterbouquet wird in ein Lauchblatt eingebunden und mit

☞ Dill nimmt man am besten zum Verfeinern von Fisch.

☞ Estragon verfeinert geschmortes Geflügel in der französischen Küche.

☞ Thymian gehört in die Kräutermischung der Herbes de Provence.

einem Stückchen Knollensellerie versetzt. Beides gibt dem Sud später ein herrliches Aroma von Wurzelgemüse und passt gleichermaßen zu Fisch wie zu Fleisch. Lediglich bei der Zusammenstellung der übrigen Würzkräuter ist darauf zu achten, dass sich alles geschmacklich ergänzt und im richtigen Mengenverhältnis zueinander steht. Lorbeerblatt hat eine intensive Würze, Petersilie dagegen ist mild. Die Größe des *bouquet garni* hängt wiederum vom Gericht ab: Ein kleines Sträußchen verliert sich in einem großen Schmortopf, ein großes kann für eine kleine Menge Soße bereits zu dominant sein. Die Kräuter lassen sich selbstverständlich auch in getrockneter Form verwenden. Zu diesem Zweck bindet man sie in kleinen, wohldosierten Mengen praktischerweise in kleine Musselinsäckchen ein. Frisch oder getrocknet eignen sich Kräutersträuße als dekorative Gastgeschenke bei einer Einladung zum Essen.

Zitrone

Zitronen sind anders als Orangen und Grapefruits für sich genommen kein Genuss; ihre Säure überdeckt die enthaltene Süße bei weitem. Dennoch ist der frisch gepresste Saft der Zitrone für die feine französische Küche unverzichtbar: Rohe Austern kann man damit marinieren und genießbar machen, überhaupt schmecken Meeresfrüchte mit einigen Spritzern Zitronensaft versehen weniger »fischig«. Der Saft lockert die Eiweißverbindungen des Fleisches und macht es bereits vor dem Dünsten oder Braten weich.

Zitronensaft, tröpfchenweise in Suppen oder Soßen geträufelt, hinterlässt im Gaumen eine angenehme Frische. Gerade wenn dieser mit Crème fraîche oder Butter gebunden ist, wird er als leichter und feiner empfunden. Das Aroma der Zitrone und ihre Säure dürfen erahnt werden, nicht aber vorherrschen. Für Vinaigrettes nimmt man daher lieber einen fruchtigen Obstessig.

In der Patisserie wiederum entfaltet die Zitrone durch Zugabe von Zucker ihr volles Aroma, wie im Rezeptbeispiel der *Tarte au citron. Julienne*, das sind fein abgehobelte Streifen von Zitrone, Limette oder anderen Zitrusfrüchten, können mehrfarbig glaciert werden und auf effektvolle Weise Torten, Gebäck und Parfaits verzieren.

Provence

Dass dem südfranzösischen Landstrich in Verbindung mit Gewürzen etwas mehr Raum gewährt werden muss, versteht sich von selbst. Wer von den Provinzen Roussillon, Camargue und Provence spricht, denkt unwillkürlich an heiße Sommer und intensiv duftende Gewürzpflanzen. In der Tat gehören Thymian, Rosmarin, Salbei, Oregano, Winterbohnenkraut und seltener Lavendel zu den als Würzmischung weltbekannten *herbes de Provence*. Seit die Römer die hier vormals ausgedehnten Wälder gerodet haben, sind sie Teil der natürlichen Flora der weitläufigen

116.

I

II

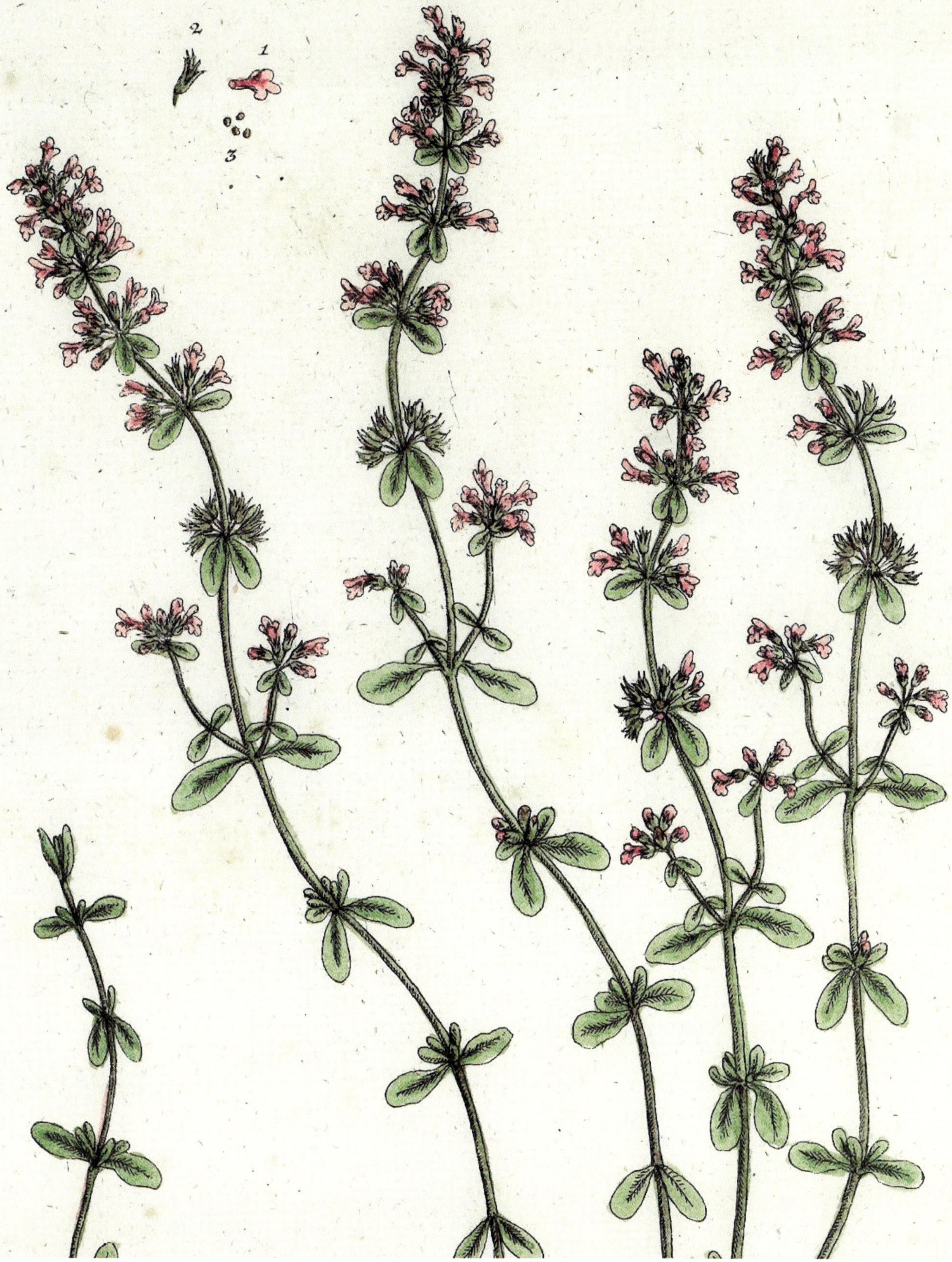
2
1
3

Heidelandschaft der Provence (*garrigue*). Es sind die regional typischen Gewürze für *grillades* von Huhn, Lamm oder Rind. Während in anderen Gegenden Frankreichs die Zubereitungsart des Schmorens oder Sautierens von Fleisch und Fisch vorherrscht, wird im Süden das Grillen – auch von Gemüse – vorgezogen. Allein der kurze Garvorgang erfordert einen großzügigeren Umgang mit Gewürzen. Frisch gepflückt geht von ihnen ein berauschender Duft aus; es verwundert daher nicht, dass die Südfranzosen ihre Kräuter in Töpfen und steinernen Trögen malerisch auf Treppen und Mauern aufstellen. Hier sind sie immer griffbereit und gehören zur Dekoration des Wohnraumes, der sich, wie häufig im Süden anzutreffen, während der Sommermonate auf die Terrasse, den Garten oder die Straße verlagert.

Die Nähe zu Italien ist aber nicht nur in der Lebensart, sondern vor allem in der Küche spürbar. Hier wie dort bilden wohlschmeckende Olivenöle die Grundlage der Küche. Beliebt sind im Mörser angerührte Würzpasten, wie *aïoli* (eine pikante Knoblauchmayonnaise) oder *rouille* (eine sehr viel schärfere Chili-Knoblauchsoße). Dass Basilikum in Südfrankreich ebenfalls sehr beliebt ist, zeigt das Beispiel der *soupe au pistou*, einer Art scharfer Minestrone, verfeinert mit einer dem ligurischen Pesto ähnlichen Basilikumpaste. Würze und delikaten Geschmack erhalten süße, aber auch pikante Gerichte durch den provenzalischen Wildhonig aus Lavendel- und Thymianblüten.

Die Nähe zum Meer bringt es schließlich mit sich, dass die in der Provence heimischen Kräuter auch den Meeresfrüchten die besondere Note verleihen. Zur Zubereitung der berühmten *bouillabaisse* bedarf es neben einer Vielzahl verschiedener Fische und Gekröse einer guten Handvoll Kräuter und einer großzügigen Menge Knoblauch.

Um mit der Fülle intensiv schmeckender Kräuter konkurrieren zu können, sollte man bei der Auswahl des Weines auf einen kräftigen Côtes du Rhône oder einen Corbières zurückgreifen.

Trüffel

Der Trüffelpilz ist der wohl edelste und kostbarste Speisepilz. Weiße, nur im Piemont gedeihende Trüffel entfalten bloß ganz frisch ihr Aroma. Seine Verwandten, die schwarzen Trüffel aus dem Périgord und der Gegend um den Mont Ventoux (Provence), sind unvergleichlich aromatischer und kostspieliger. Das »schwarze Gold« wächst im Schutz von Eichen, mit denen sie am liebsten eine Symbiose eingehen. Trüffel werden mittlerweile in eigens angelegten Eichenwäldern gezüchtet. Die Ernten sind jedoch unkalkulierbar, da es den Pilzen auf ein fein abgestimmtes Mikroklima ankommt.

Die reifen Trüffel werden mit Hilfe von Trüffelhunden (früher Schweine) in den Wintermonaten aufgespürt. Hauchdünn gehobelte Trüffelscheiben verwendet man meist nur zur Garnierung oder Geschmacksverfeinerung, da ein ganzes Gericht unerschwinglich wäre. Sie können ein schlichtes Spiegelei zur fürstlichen Mahlzeit adeln, einer delikaten *foie gras* aber noch das I-Tüpfelchen aufsetzen. Auch Öle lassen sich auf unvergleichliche Weise mit Trüffeln würzen.

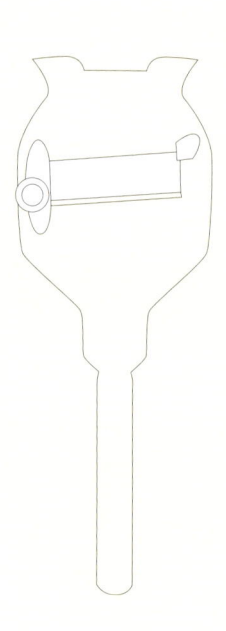

☞ Fenchel verwendet die französische Küche gern zu Fisch.

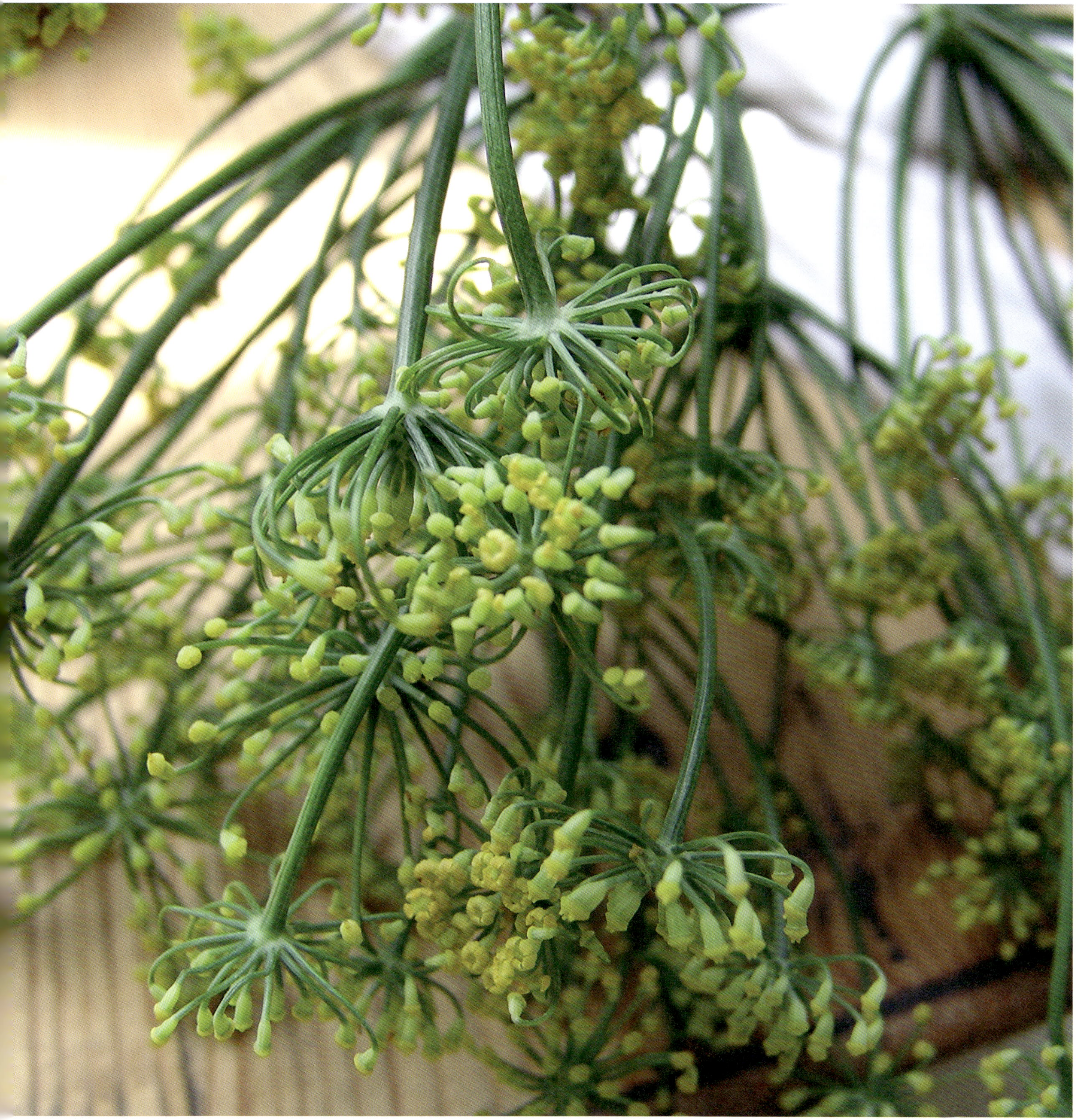

Tarte au citron
ZUBEREITUNGSZEIT: CA. 4 STUNDEN

Zutaten
(FÜR CA. 12 STÜCKE)

TEIG
200 G WEICHE BUTTER
100 G ZUCKER
1 PRISE SALZ
1/4 AUSGEKRATZTE VANILLESCHOTE
ABGERIEBENE SCHALE VON 1 UNBEHANDELTEN ZITRONE
300 G MEHL

BELAG/FÜLLUNG
8 UNBEHANDELTE ZITRONEN AUS BIOLOGISCHEM ANBAU
750 G ZUCKER
120 G BUTTER
5 EIER
1 PRISE SALZ

AUSSERDEM
TROCKENERBSEN ZUM BLINDBACKEN

Zubereitung
Teigzutaten verkneten, in Klarsichtfolie verpackt ca. 2 Stunden kühl stellen. Teig anschließend auf bemehlter Fläche rund (ca. 35 cm Durchmesser), 0,5 cm dünn ausrollen. Eine Tarteform, am besten mit Hebeboden (30 cm Durchmesser) damit auskleiden. Boden mit einer Gabel einstechen, damit der Teig sich beim Backen nicht aufwirft. Ein Backpapier auflegen und mit Trockenerbsen dicht bestreuen. Bei 200 Grad auf mittlerer Schiene 12–15 Minuten *blindbacken*. Backpapier vorsichtig mit den Hülsenfrüchten entfernen, weitere 8 Minuten ohne Belag weiterbacken.

2 Zitronen in hauchdünne Scheiben schneiden, Kerne entfernen. Einen Liter Wasser aufkochen, Zitronenscheiben hineinlegen, erkalten und 1 Stunde ziehen lassen. Scheiben herausnehmen, Sud wieder aufkochen und erneut hineingeben. Dann wieder erkalten lassen. Vorgang wiederholen. Die Hälfte des Suds abmessen, mit 500g Zucker aufkochen. Zitronenscheiben hineinlegen, erkalten lassen. Restliche Zitronen heiß abwaschen, trockenreiben. Schale abreiben, Saft auspressen (ergibt ca. 1/4 Liter). Beides mit der zerlassenen Butter, den Eiern, dem restlichen Zucker und dem Salz verrühren. Guss auf den vorgebackenen Boden geben.

Im vorgeheizten Backofen bei 180 Grad auf der zweiten Schiene von unten ca. 25 Minuten backen, auskühlen lassen. Glacierte Zitronenscheiben und etwa 6 Esslöffel Zuckersud (Rest zum Beispiel für eine eisgekühlte Limonade verwenden) darauf geben. Nach Wunsch mit feingehackten Pistazien oder frischen Lavendelblüten bestreuen.

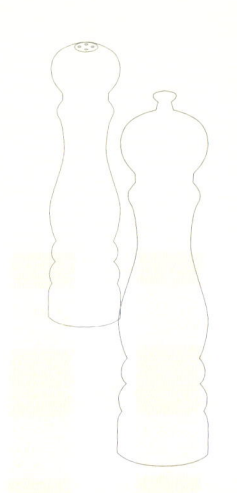

☞ Für die Anhänger feiner französischer Patisserie mit etwas Muße für die Vorbereitung.

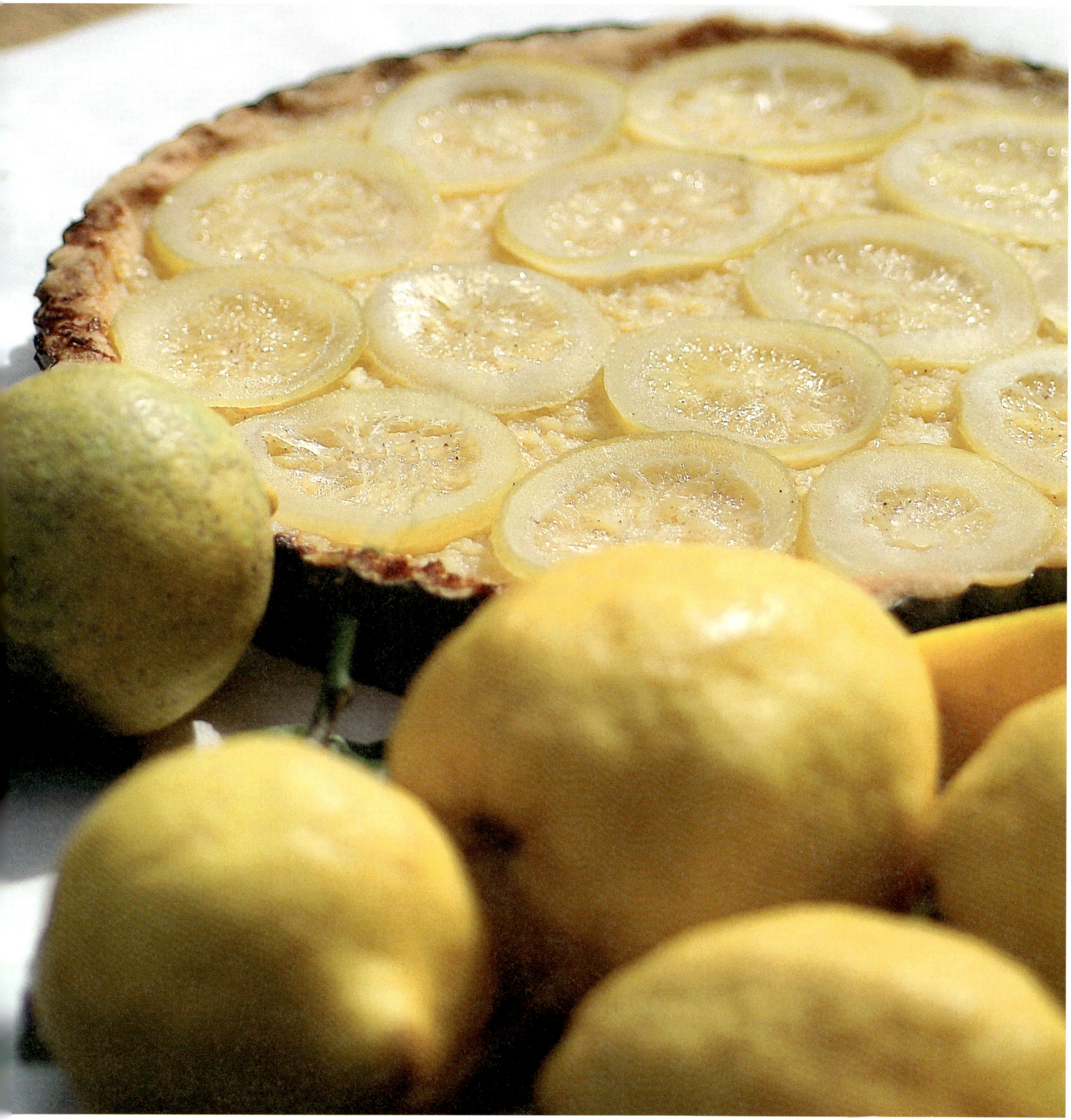

Italien –
Salbei und Basilikum

Schon aus der Zeit der Hochblüte des Römischen Weltreiches sind uns aus Geschichtsbüchern und literarischen Texten Kochkunst, aber ebenso kulinarische Exzesse auf dem Appenin bekannt. Als im 3. nachchristlichen Jahrhundert Barbaren in Rom eindrangen, stagnierte die Entwicklung der Esskultur zwar zunächst, doch übte die Völkerwanderung auch einen wohltuend mäßigenden Einfluss auf die überreiche römische Küche aus. Kulinarische Auswüchse wie die wahllose Kombination von Nahrungsmitteln zu einem Gericht oder der verschwenderische Gebrauch von Gewürzen verschwanden.

Erst in der Zeit der Kreuzzüge und mit dem aufkommenden Reichtum der oberitalienischen Städte durch den Fernhandel bekamen die Essgewohnheiten neue Impulse. Gewürze, die bereits den alten Römern bekannt waren, wurden neu entdeckt, andere, fremde, fand man im Nahen Osten vor und gliederte sie dem heimischen Speisezettel ein. Es tauchten aber auch alte Gepflogenheiten aus dem antiken Rom wieder auf, wie das Servieren einer Mahlzeit in mehreren Gängen oder der dekorative Aufbau von Speisepyramiden auf prunkvoll überladenen Tafeln.

Dieser Luxus wurde so weit getrieben, dass sich der Rat von Florenz gezwungen sah, Sparsamkeitsgesetze zu erlassen. Einem solchen Gesetz von 1356 zufolge war es verboten, bei einer Hochzeit mehr als vier Gänge zu reichen, wobei ein Gang bei der Vermählung von Adligen immerhin dreißig verschiedene Platten enthalten durfte. Später sahen die toskanischen Köche die verordnete »Kargheit« der Gerichte als Herausforderung an ihre Kochkunst: Sie zeigten, dass sie Meister im Zubereiten und Würzen waren und aus dem einfachsten Stück Braten dank raffinierter Behandlung mit aromatischen Kräutern einen Gaumenschmaus machen konnten. Vieles deutet darauf hin, dass die Küche Italiens, die wie keine andere Nationalküche einfachste Grundprodukte mit geschmacklicher Rafinesse zuzubereiten versteht, noch heute dem toskanischen Edikt gehorcht.

Dabei war gerade der Einfluss der norditalienischen Renaissanceküche unverzichtbar für die Herausbildung der *Haute cuisine* des Nachbarlandes Frankreich gewesen und dies einerseits wegen der verfeinerten Küchenpraxis, ande-

☞ Salbei verfeinert die saltimbocca alla romana – ein dünnes Kalbsschnitzel mit köstlichem Parmaschinken.

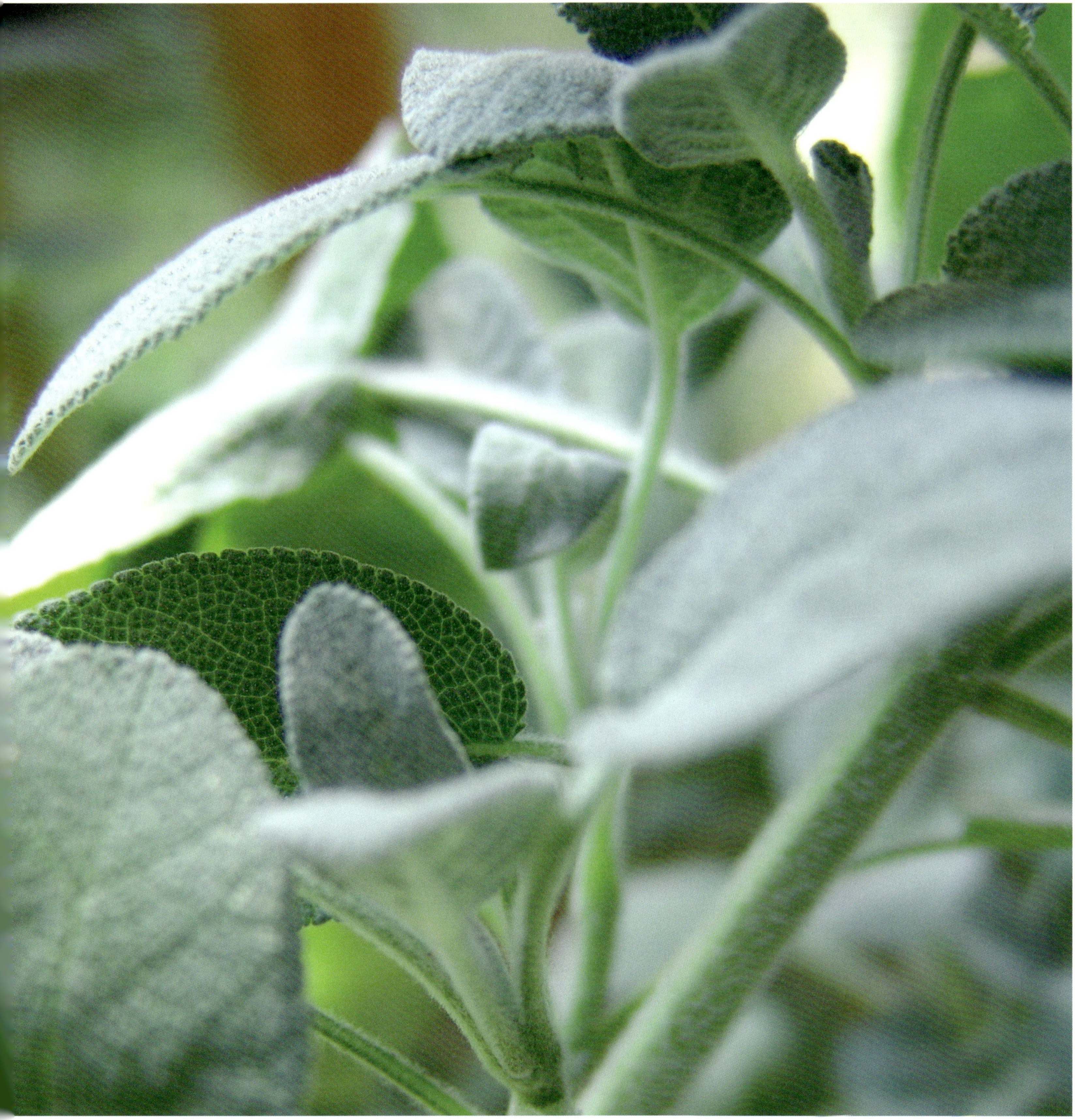

rerseits aber auch wegen des Wissens um die Organisation glanzvoller Bankette, die gesellschaftliches Prestige mit gehobener Tafelkultur verbanden. Immerhin war Italien das erste Land mit der Tischsitte, den Speisenden jeweils Messer, Gabel und Löffel sowie ein eigenes Glas zuzuweisen anstelle der zuvor üblichen Schüssel mit Serviette. Auch galten die Italiener als Kenner und Genießer guter Weine, was sich in ihren eleganten Trinkritualen ausdrückte.

Jedoch – und das muss betont werden – ist die italienische Küche mit ihren spezifischen Garmethoden und Gewürzen eine Summe ihrer Regionalküchen. Oft handelt es sich dabei um eine *cucina povera*, um eine Armeleuteküche also, die aus materieller Not eine kulinarische Tugend machte. Frische, pure Ingredienzien – Gemüse, Pilze, frischer Fisch, sonnenverwöhntes Obst, eine fast unüberschaubare Anzahl von Salatzüchtungen –, dazu feinstes Olivenöl und frische Kräuter sind landauf, landab kulinarischer Standard.

Es ist ein historischer Zufall, dass sich gerade die *pizza*, das neapolitanische Armenessen par excellence, mit den Angehörigen italienischer Auswandererfamilien nach Amerika und von dort zurück in die Alte Welt verbreiten konnte. Auch hierbei bilden lediglich ein Fladen aus Hefeteig, eingekochtes Tomatenmark mit Gewürzen sowie Büffelfrischkäse die beliebig erweiterbare Grundlage. Das appetitliche Aussehen eines solchen einfachen Gerichtes trägt ein Übriges zu seiner Beliebtheit bei.

Neben den sonnengereiften Zutaten machen die Gewürze und Kräuter – nur hier im Süden mit solch kräftigem Aroma – die Küche Italiens zu etwas Besonderem. Anders als in der französischen Küche, die vielfach mit raffinierten, fein ausbalancierten Kräutermischungen und -sträußen arbeitet, bevorzugt die italienische Küche beinahe für jedes Produkt ein eigenes Kraut. Die delikate Soße eines französischen Schmorgerichts »versteckt« ihre Gewürze, indem man sie abseiht – in Italien jedoch sind sie für Gaumen *und* Auge da.

Typisch italienische Gewürze und Kräuter:

Knoblauch

Kochen in Italien, ohne Knoblauch im Haus zu haben – fast undenkbar! Die Würzkombination von Knoblauch und anderen Kräutern findet sich in fast allen Gegenden Italiens, mit Ausnahme des Veneto vielleicht; auch würzt die deftigere Küche Süditaliens großzügiger mit der weißen Knolle als jene von anderen Nationalküchen beeinflusste Norditaliens. Ob in Wurstspezialitäten, von denen beinahe jede Region ihre eigenen hat, oder als Beigabe zur Essig-Öl-Marinade der beliebten Gemüse-*antipasti*, nirgendwo dürfen Knoblauchgeruch und -geschmack fehlen. Dabei ist darauf zu achten, dass junger, eben erst geernteter Knoblauch süß und zart, bereits getrockneter dagegen intensiv und scharf schmeckt.

Die häufige Verwendung des Knoblauchs – besonders in rohem Zustand – hat außerdem eine vitalisierende Auswirkung auf Organismus und Stoffwechsel. Man sagt ihm entzündungshemmende, fast antibiotische Wirkung nach. In Verbindung mit hochwertigem Olivenöl und – nicht zu vergessen – Rotwein genossen, beugt sein Verzehr Erkrankungen von Herz und Kreislauf vor.

Petersilie

Sie ist wie der Knoblauch eines der universellsten Küchenkräuter der italienischen Halbinsel. *Prezzemolo*, wie die Italiener das Kraut nennen, kommt feingehackt in fast alle Gerichte. Besonders dekorativ macht sie sich auf Blattsalaten. Die italienischen Köche bevorzugen die glattblättrige Sorte, weil sie mehr Aroma hat; die krause verwendet man lieber für Garnituren. Hervorzuheben ist auch hier der gesundheitliche Zugewinn: Petersilie ist reich an Provitamin A, den Vitaminen C und E sowie den Mineralstoffen Eisen und Kalzium.

☞ Petersilie gehört in Italien in viele Gerichte, vor allem in Salat.

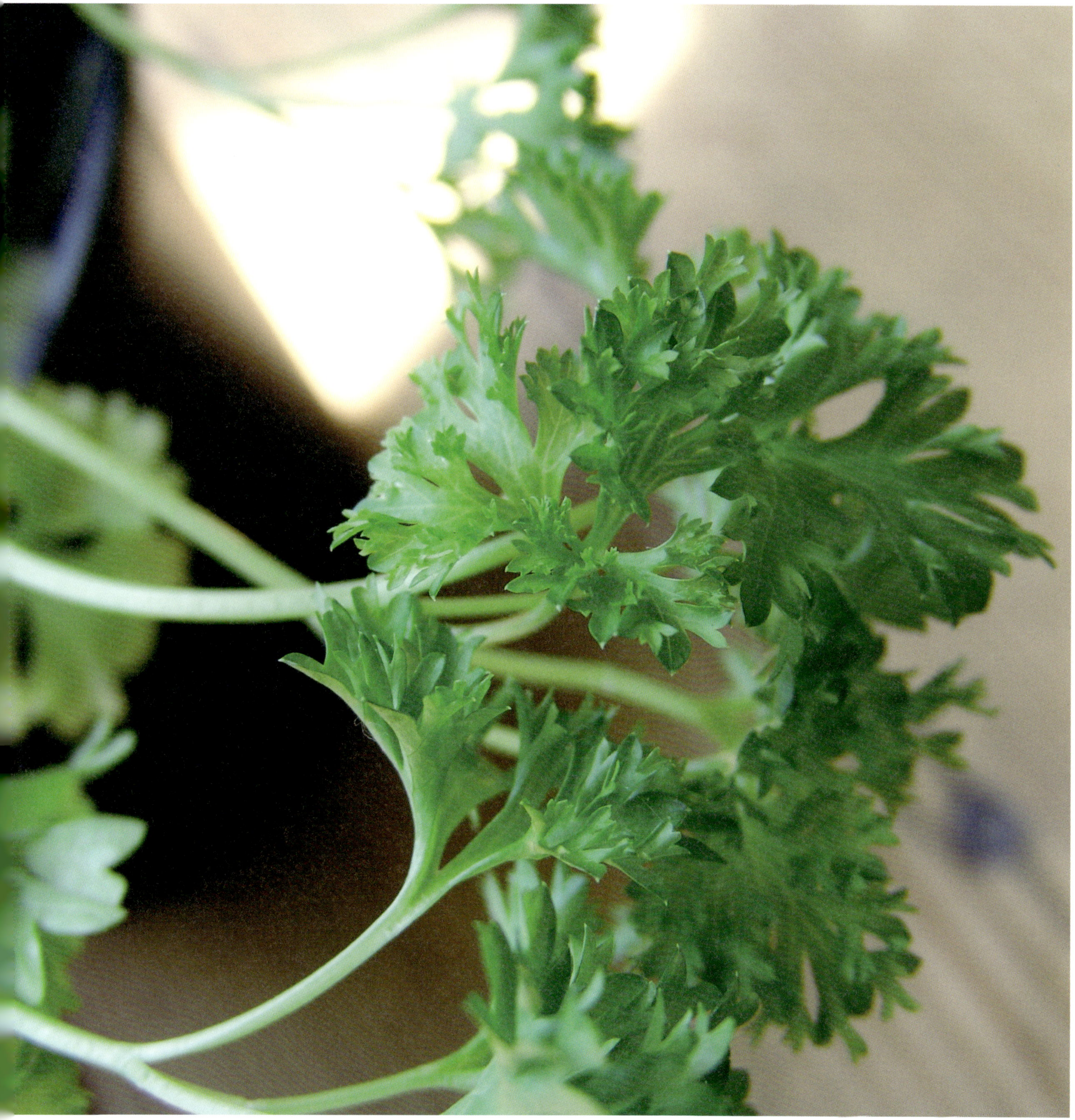

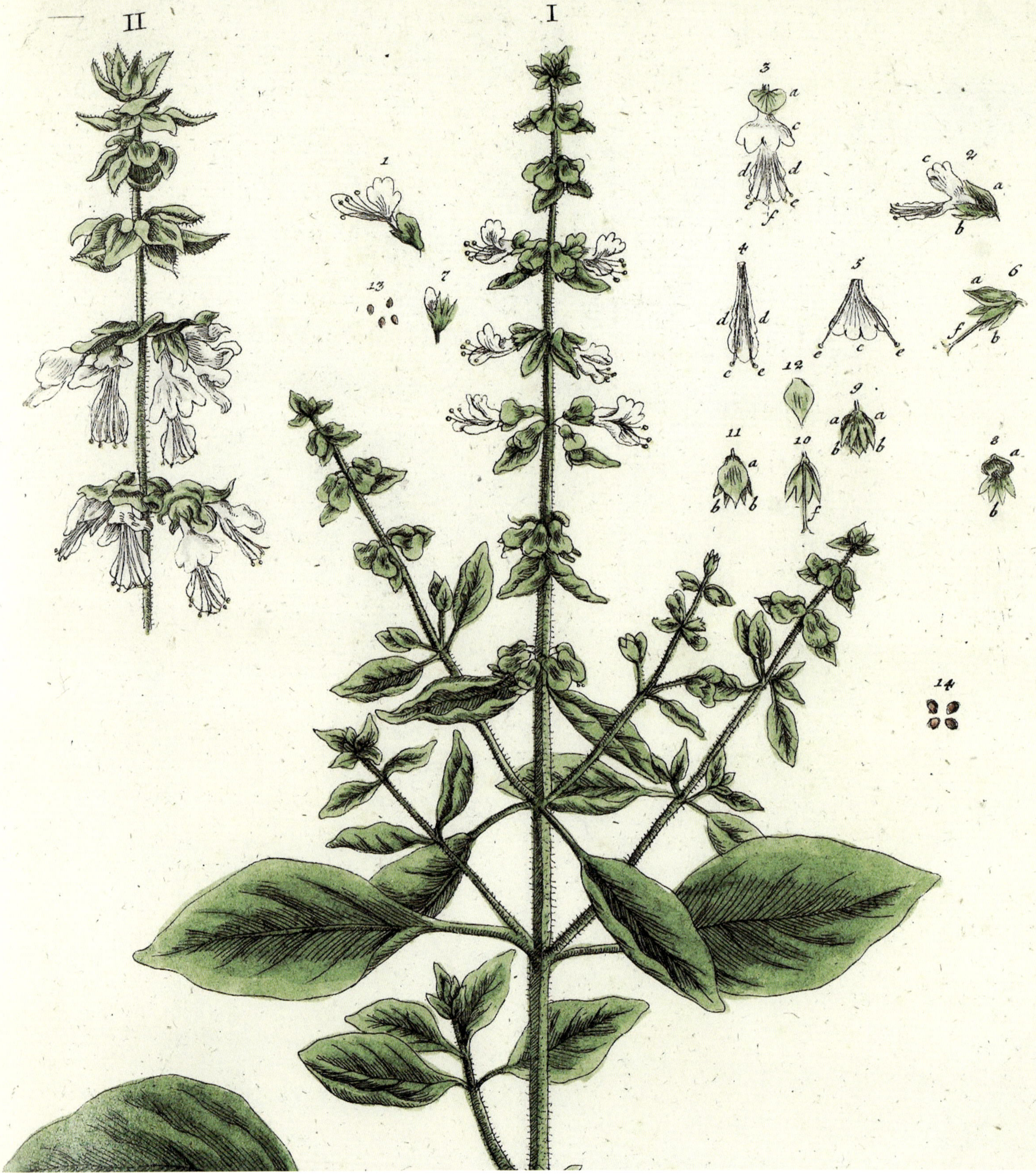

II
I

Basilikum

Das oft in dekorativen Tontöpfen gehaltene, sehr geruchsintensive Kraut ist bereits im 12. Jahrhundert von Vorderindien nach Italien gekommen. Sein Name leitet sich vom griechischen Wort *basilikon* ab, was königlich heißt – ein Beweis dafür, wie hoch geschätzt das Kraut bereits in der Antike war.

Wenn Tomaten für das Rot, Mozzarella jedoch für das Weiß der italienischen Flagge stehen, dann darf das Basilikum die noch fehlende Farbe grün symbolisch besetzen. Wie zum Beweis besteht der weit über Italiens Grenzen hinaus bekannte *insalata caprese* aus genau diesen überaus gesunden und wohlschmeckenden Zutaten. Die berühmteste Spezialität auf der Basis von Basilikum ist zweifelsohne das ligurische *pesto genovese*. Es macht aus den einfachsten Spaghetti ein Festessen! Auch in gekochten Tomatensoßen entfalten die Blätter – ganz zum Schluss untergerührt – ihr herrliches Aroma.

Basilikum entwickelt seinen würzigen Geschmack vor allem ganz frisch. Aber selbst im Winter müssen die Anhänger der italienischen Küche nicht auf ihr geliebtes Gewürz verzichten: Sie schichten die Basilikumblätter in Schraubgläser, füllen diese mit Olivenöl auf und salzen die Konserve leicht.

☞ Basilikum mit Tomate und Mozzarella – die Insalata Caprese ist weit über die Grenzen Italiens hinaus bekannt.

Thymian

Er gehört zu den typischen italienischen Kräutern und ist vor allem für die Küche der südlicheren Landesteile prägend. Dort wächst er wild, so dass er abseits der Straßen auch selbst gepflückt werden kann. Im Gegensatz zum Basilikum, das getrocknet sein Aroma beinahe gänzlich einbüßt, muss man beim Thymian in diesem Zustand nur auf die dekorative feine Fiederung der Blättchen verzichten; ansonsten wird sein Aroma nur noch intensiver. Er harmoniert mit vielen italienischen Tomaten- und Paprikagerichten, passt aber auch zu Lamm und Wild.

Salbei

Sein intensives, stark würzendes Aroma verfeinert viele italienische Gerichte quer durch alle Provinzen. Winterhart und sehr robust, fehlt er in keinem Garten und treibt jedes Jahr aus den knorrigsten Stöcken aromatische Blätter hervor. Man erntet sie am besten frisch, bevor der Busch blüht. Auch Trocknen oder Einfrieren tut der Würzkraft keinen Abbruch.

Besonders gut harmoniert Salbei mit hellem Fleisch, sei es Kalb, Fisch oder Hähnchen. So gehört er etwa zur *saltimbocca alla romana*, dem dünnen Kalbsschnitzel, welchem eine Scheibe Parmaschinken und ein Salbeiblättchen die besondere Note verleihen. Die Venezianer würzen außerdem ihre Kalbsleber mit Salbei. Ein simples, aber ausgesprochen feines Gericht sind in Salbeibutter geschwenkte Spaghetti. Zur idealen Entfaltung des Geschmacks kommt es immer darauf an, das Kraut in Sud oder Öl mitzugaren oder mitzukochen.

Rosmarin

Neben Knoblauch und Petersilie hat Rosmarin in der italienischen Küche eine dominante Stellung. Der Name der stark würzigen, holzigen, fast nach Weihrauch duftenden Pflanze kommt aus dem Lateinischen und bedeutet *Meertau*. Diese Bezeichnung ist überaus treffend, denn die Pflanze gedeiht im trockenen Klima der Küstenregionen wild. Freilich lässt sich die anspruchslose, kaum pflegebedürftige Staude auch auf jedem italienischen Markt kaufen.

Denn Rosmarin kann fast als das Nationalkraut der Toskana, Umbriens und Latiums gelten. Bratkartoffeln aus der Pfanne begleitet dort immer eine Handvoll Rosmarin. Er würzt auch so manchen Lammbraten und nicht wenige Wurstfüllungen. Selbst Süßspeisen wie dem toskanischen Kastanienkuchen *castagnaccio* verleiht er eine feine Kräuternote.

Pesto alla Genovese

Pesto ist weit mehr als nur eine Sauce, es ist das Nationalgericht Liguriens schlechthin. Dabei kann er sowohl ein Pastagericht begleiten – in den allermeisten Fällen Spaghetti –, als auch einer Minestrone das unübertroffene gewisse Etwas geben. Schon das Zubereiten kommt für einen echten Ligurier einer rituellen Handlung gleich. Für das Gelingen eines guten Pesto sind daher mehrere Dinge wichtig: ein Marmormörser mit Stößel, eine ausreichende Menge frischen Basilikums und feines fruchtiges Olivenöl. Bei größeren Mengen kann auch ein elektrisches Mixgerät zum Einsatz kommen! Keinesfalls dürfen die Basilikumblätter mit einem Küchen- oder Wiegemesser geschnitten werden. Sie werden sonst schwarz und unansehnlich!

Zutaten
(FÜR 4 PERSONEN/ 400–500 G SPAGHETTI)
BLÄTTER (MÖGLICHST OHNE STÄNGEL) VON
3–4 TÖPFEN BASILIKUM
2–3 ZEHEN KNOBLAUCH
1 TEELÖFFEL GROBES MEERSALZ (SEHR VORSICHTIG DOSIEREN, DA DER KÄSE BEREITS SEHR VIEL WÜRZE BESITZT!)
50 G GERIEBENER PARMESANKÄSE
50 G GERIEBENER SARDISCHER PECORINO
6 ESSLÖFFEL BESTES FRUCHTIGES OLIVENÖL
2 ESSLÖFFEL PINIENKERNE (VORHER GANZ LEICHT ANRÖSTEN)

Zubereitung

Die von allen Stielen befreiten Basilikumblätter mit dem zerdrückten Knoblauch und dem Meersalz im Mörser zerstampfen (*pesto* kommt von italienisch *pestare*, »zerstampfen«). Daraus sollte nach und nach durch beständiges kreisendes Rühren eine geschmeidige Paste entstehen. Langsam den Käse und die Pinienkerne hinzufügen, dabei löffelweise das Olivenöl darüber träufeln und unter die Paste ziehen. Zuletzt sollte der Pesto eine glatte, cremige Konsistenz haben. Bei der Verwendung eines elektrischen Rührgeräts ist die Vorgehensweise entsprechend.
Soll der Pesto als Sauce zu Teigwaren gereicht werden, verdünnt man ihn mit etwas Nudelwasser. Erst *danach* mit den al dente gekochten Spaghetti vermengen und sofort heiß servieren.
Der Pesto hält sich, zusätzlich mit etwas Olivenöl begossen, noch einige Tage im Kühlschrank frisch!

☞ Ligurische Kräutersauce mit Basilikum und Knoblauch.

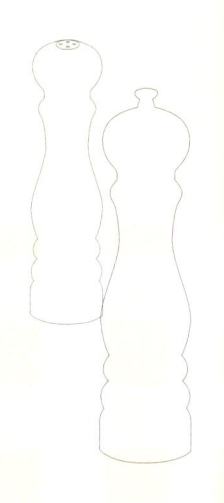

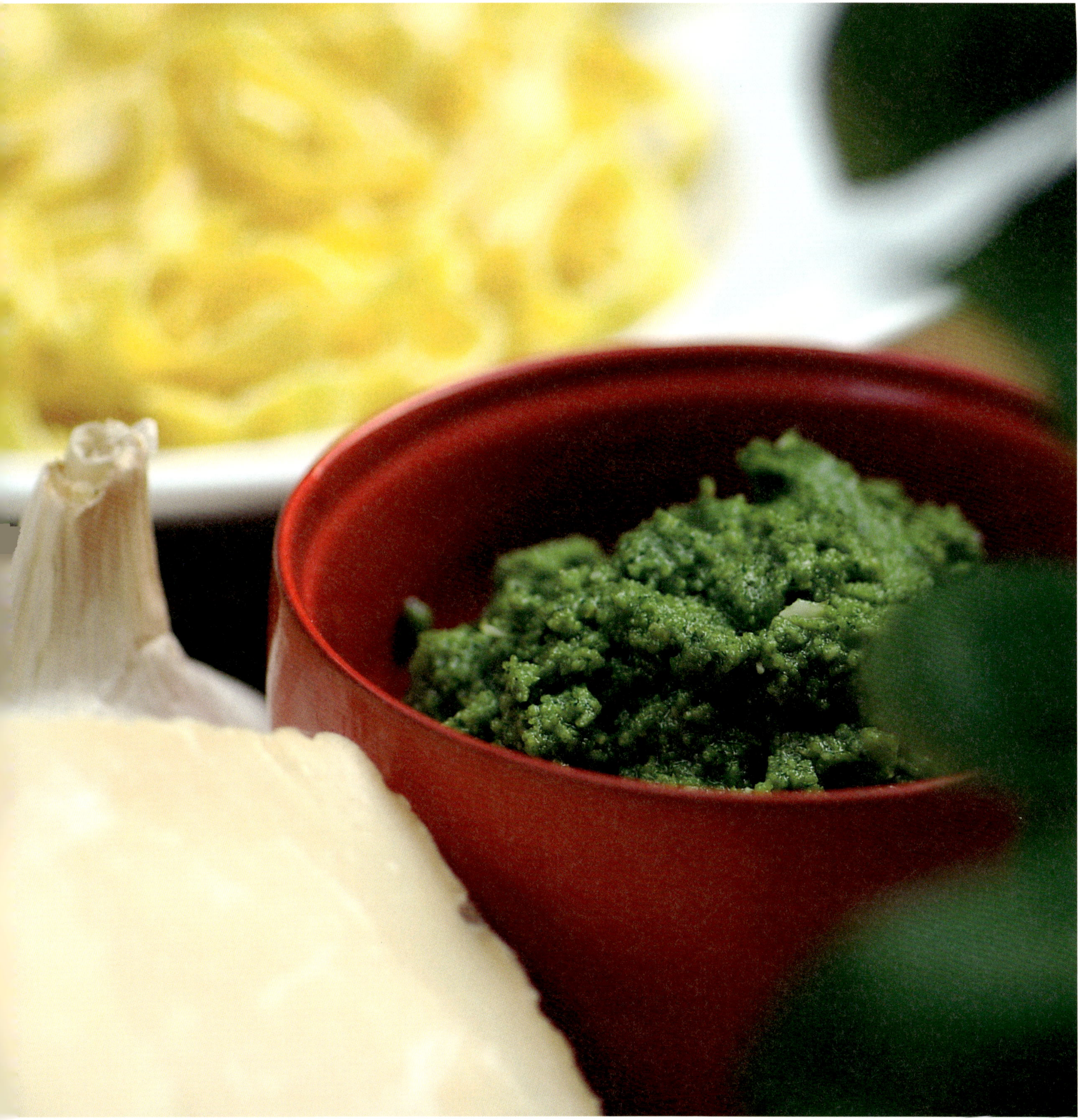

Osteuropa und Balkan –
Paprika und Mohn

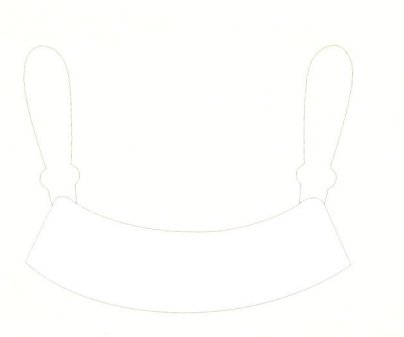

Wie keine andere Region in Europa beherbergt der Osten und der Südosten eine Vielzahl von ethnischen Gruppen. Beginnend mit Polen und der Kaschubei an der Ostsee über Tschechien und die Slowakei erstreckt sich das Gebiet im Süden bis nach Kroatien und Dalmatien sowie Griechenland und Albanien. Die Reise geht weiter durch den Bosporus zum Schwarzen Meer: Mit Staaten wie Bulgarien, Rumänien, Weißrussland und der Ukraine schließt sich endlich der Kreis, in dessen Mitte lediglich Ungarn und Österreich noch fehlen.

Politische Territorien und kulturelle Merkmale gleichzusetzen, ist hier jedoch wenig sinnvoll. Den Wechselfällen der Geschichte ist es zu verdanken, dass beispielsweise die Donaumonarchie als der sprichwörtliche Vielvölkerstaat die meisten Volksgruppen unter sich vereinte. Der weitblickenden Expansionspolitik Maria Theresias ist es zu verdanken, dass am Ende des 18. Jahrhunderts deutsche Bauern zwischen Theiß und Donau angesiedelt wurden, um das dortige Sumpf- und Schwemmland urbar zu machen. Im Karpatenbogen, der das heutige Rumänien durchzieht, lebten bereits seit Jahrhunderten die Siebenbürger Sachsen, die der Deutschorden hier ansässig gemacht hatte. Türken in vielen Provinzen Ex-Jugoslawiens, aber auch Griechenlands oder in den Hafenstädten der rumänischen Schwarzmeerküste prägten das kulturelle Bild für lange Zeiträume. Nicht zu unterschätzen ist der Einfluss der osteuropäischen Juden bis zum Ende des Zweiten Weltkrieges, die das Gesicht vieler Städte wie Warschau, Krakau (Polen), Jassy (Moldau) und Czernowitz (Bukowina) tiefgreifend prägten. Die Bevölkerungsgruppe der teils sesshaften, teils nomadisierenden Zigeuner muss in diesem Zusammenhang ebenfalls erwähnt werden.

Das Leben all dieser Minderheiten verlief zumeist friedvoll – bis Völkermord, Vertreibung und Ausgrenzung in der NS-Zeit und unter den kommunistischen Diktaturen dem ein Ende setzten.

Als friedvoll und äußerst befruchtend darf das gemeinschaftliche Miteinander besonders im Bereich des Kulinarischen gelten. Lebten die verschiedenen Volksgruppen schon aus Gründen religiöser und anderer Traditionen zwar deutlich räumlich abgegrenzt voneinander – verschie-

☞ Die ungarische Paprika ist nur zur Gewürzgewinnung geeignet, nicht zum Verzehr. Die in Westeuropa erhältlichen Züchtungen schmecken viel milder.

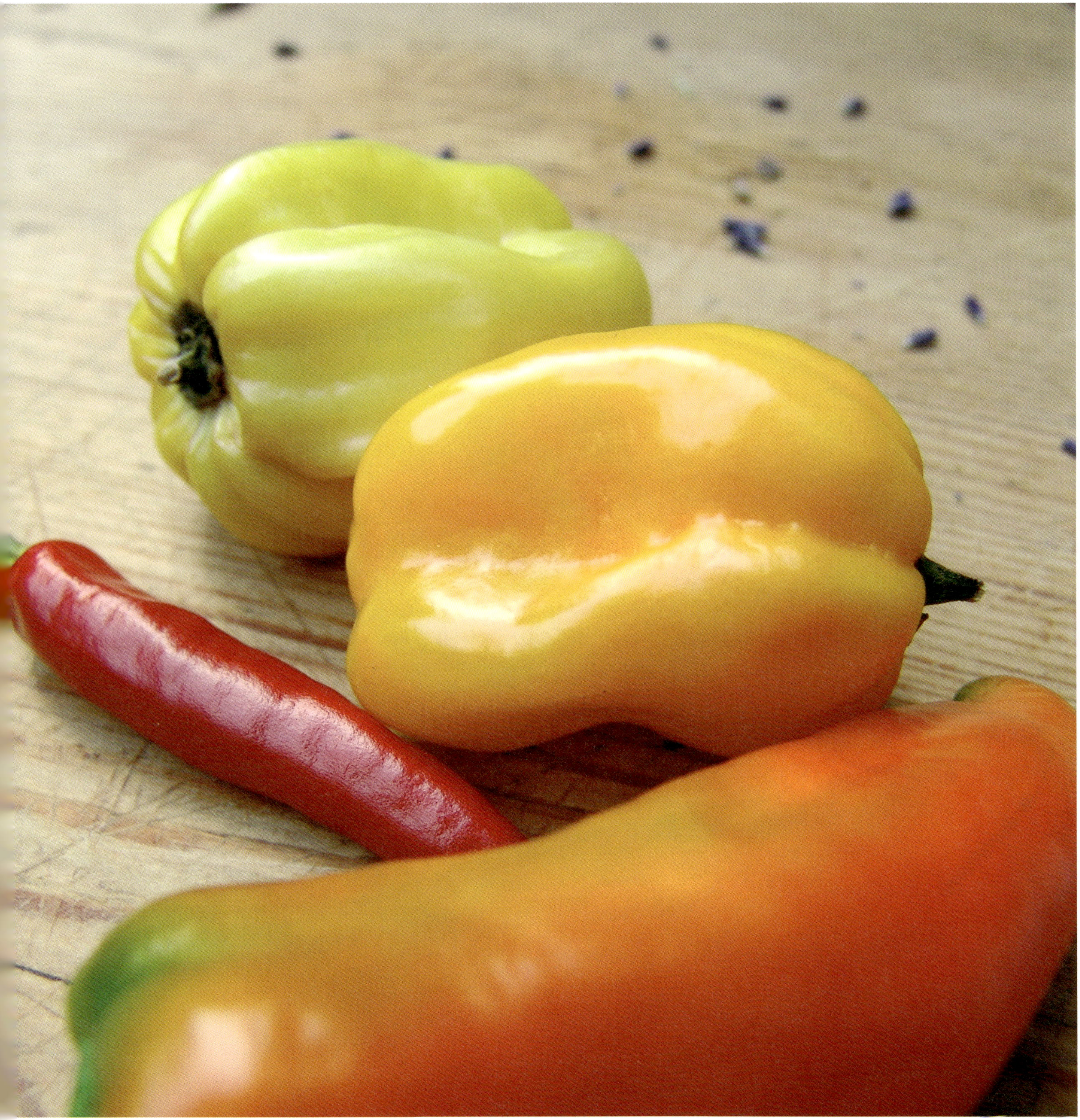

dene Straßen auf dem Land, eigene Stadtviertel in den Städten –, so fanden doch erstaunliche wechselseitige Adaptionen in der Küchenkultur statt. Hinzu kommt noch, dass osteuropäische Küche und Lebensart, politisch abgeschottet gegen den Westen, ihre Ursprünglichkeit bewahren konnte.

Zu einer Zeit, da man in Deutschland längst die Zubereitungsarten und die Gewürzkultur der mediterranen Urlaubsländer kennen und schätzen gelernt hatte, war man in den kommunistisch regierten Ländern Osteuropas auf Produkte und Kräuter aus eigener Erzeugung angewiesen. Überhaupt darf die osteuropäische Esskultur als eine solche beschrieben werden, die – bedingt durch raue kontinentale Winter – auf Konservierung der Ernte in jeglicher Form setzte. Das hat mit agrarisch-ländlichen Strukturen zu tun, die für diese Landstriche immer noch charakteristisch sind; die jahrzehntelange Mangelwirtschaft der staatlichen Konsumgüterindustrie hat die Tendenz zur Haltbarmachung vieler Nahrungsmittel und der dazu notwendigen Gewürze sicherlich noch verstärkt. Freilich überzeugt letztlich der eigene Geschmack: Nirgendwo sonst in Europa gibt es so viele Rezepte zum Einsäuern von Weißkraut, Paprikaschoten, grünen Tomaten, Roter Beete und Gurken – und zwar mit Dill, Schalotten und Essig oder ganz auf der Basis eines durch Sauerteig hervorgerufenen Gärprozesses, dann mit Paprikapulver und Knoblauch verfeinert. Diese Köstlichkeiten begleiten auch paprika- und pfefferscharfe Wurstwaren vom Schwein, am liebsten aus eigener Erzeugung. In fast allen Ländern Osteuropas, ob nun in Ungarn, Polen, Russland oder Rumänien, liebt man reichhaltige Eintöpfe. Sie haben einen oft mehr säuerlichen als pikanten Geschmack, was auf der Zugabe von Essiggurken (russische *Soljanka*) oder der Würze durch Zitronensaft oder Sauerampfer (rumänische *Ciorbă*) beruht. Diese reichhaltigen Suppen und Eintöpfe sind sehr nahrhaft und wärmen in den kalten Wintermonaten. Lorbeerblätter, Piment und Pfeffer geben hierbei die Grundwürze. Ohne rotes scharfes Paprikapulver – das man nur auf den reichhaltig bestückten Wochenmärkten in der gewünschten Qualität erhält – kommen sie ebenfalls nicht aus. Roggenbrot, das zu den besten Grundnahrungsmitteln Osteuropas gehört, begleitet ganz selbstverständlich jede Mahlzeit. Auch spielen Buchweizen und Maismehl in der Beilagenküche eine bedeutende Rolle. Sie schmecken würzig, ergeben nahrhafte Gerichte und passen sich den vielen Alltagsgerichten mit Käse und Sauerrahm ebenso an wie den Festtagsspeisen aus Fischrogen, Kaviar oder gegrillten Fleischspießen.

Die Garmethode von Fleisch über offenem Feuer, besonders in Rumänien, Albanien und Bulgarien, scheint von den griechischen Nachbarn entlehnt. Hier freilich wachsen fast das ganze Jahr über immergrüne Kräuter. So gehören die Aromen von Thymian, Oregano, Rosmarin und der unverwechselbare Geschmack eines knoblauchwürzigen Zazikis zu einem griechischen Fleischgericht dazu.

Überall in Osteuropa nimmt man sich Zeit für Essen und Gastlichkeit. Das wird besonders bei der Gebäcktradition deutlich. Sie ist in vielen Regionen der k.u.k.-Tradition zuhause und wird – außer natürlich in Österreich selbst – vor allem von Tschechen, Slowaken, Ungarn und Donauschwaben gepflegt. Typisch ist die Festtagspatisserie mit ihren karamel- und mokkagewürzten Buttercremes. Schlichter, aber mit gleicher Sorgfalt und Geduld geht es in der Alltagsküche zu; hier gibt Hefeteig den Ton an, dem Schmand, Walnüsse, Mohn und Marmeladen aus eigener Erzeugung die besondere Note verleihen. Das Zubereiten eines Strudels mit Früchten der Saison gilt bereits als geselliger Auftakt zum späteren gemeinsamen Verzehr. So verwerten viele der »Mehlspeisgerichte« die Ernte des heimischen Obstgartens und sind fester Teil einer bis heute praktizierten Fastenküche.

In anderen Regionen ist der orientalische Einfluss auf die »süße Küche« unübersehbar. Serben, Kroaten, Rumänen wie auch Griechen würzen Desserts und Kuchen gerne mit Honig, Nüssen und Rosenwasser. Häufig wird eine Süßspeise erst recht ihrer Bezeichnung als würdig empfunden, wenn sie aus blättrigen Lagen (Filo-Teig bei *Baklawa*), Oblaten (*Halwa*) oder eingedicktem bunten Früchtegelee (der in Rumänien beliebte *Rahat*) bestehen.

Was Osteuropäer auf dem Wochenmarkt kaufen oder im eigenen Garten ziehen:

Knoblauch

Knoblauch braucht ein warmes, nährstoffreiches Beet und gedeiht gut in der kontinentalen Sommerhitze des Balkans. Im Sommer gibt es überall frische Knollen zu kaufen, die man am besten an einem kühlen, dunklen, frostfreien Ort trocknet. So behalten sie ihr Aroma bis zum nächsten Frühling. Ideal ist es, wenn sie bereits im Dezember – zur Zeit der Schweineschlachtung – in hausgemachten Würsten Verwendung finden.

Salz

Salz wird oft ganz grobkörnig gekauft, und das Einsalzen ist neben dem Räuchern die gängigste Methode, Fisch (in Polen und Russland), Speck, Klauen oder andere Kleinteile vom Schwein haltbar zu machen.

Schweineschmalz

Fett ist ein Geschmacksträger. Was der griechischen Küche ihr Olivenöl, das ist der osteuropäischen ihr alles andere als geschmacksneutrales Schweinefett. Es wird üblicherweise zum Kochen verwendet, man stellt aber auch Blätterteig damit her. Gesundheitsbewusste nehmen natürlich Sonnenblumenöl aus dem Supermarkt!

Paprikapulver

Eine der wenigen Gewürzpflanzen aus der Neuen Welt, die es in Ungarn sogar zum Nationalgewürz gebracht hat, ist die rote Paprikaschote. Ein feurig scharfes Gulasch ist ohne dieses Gewürz nicht denkbar! Auch die Nationalküchen Serbiens und Rumäniens würzen viele ihrer herzhaften Gerichte mit dem aus ihr gewonnenen Pulver. Kenner riechen an dem angebotenen Pulver (Frische!), begutachten kritisch die Farbe – Farbintensität des Pulvers zeugt von hoher Qualität! – und nehmen eine Prise auf die Zunge, um sich vom Geschmack zu überzeugen. Wirklich hochwertiges Paprikapulver ist in den Balkanländern teuer – das in Westeuropa angebotene ist meistens überlagert, schmeckt daher fad und hat nur geringe Würzkraft. Hat man ein überzeugendes erstanden, so bewahre man es luftdicht und kühl auf.

Petersilie

Frische Petersilie ist gleich büschelweise auf den Märkten Osteuropas zu haben. Ob in Polen zu den beliebten, nur in Butter geschwenkten Pilzgerichten oder in Kräuter- und Quarkdips, die häufig kalte gebratene Vorspeisen begleiten, – keine osteuropäische Küche möchte auf den appetitanregenden Geschmack dieses Krautes verzichten! Die rumänische Grillküche kennt eine Würzpaste (*mujdei*) aus *Olivenöl, Salz, zerdrücktem Knoblauch* und reichlich grobgehackter frischer *Petersilie*. Mit dieser bestreicht man das Fleisch – mit einem groben Pinsel wie beim Backen –, wenn es bereits auf dem Grill liegt. Dazu schmecken sonnenreife Tomaten und frisches Brot!

Sauerampfer

Dieses Kraut lässt sich prinzipiell auf Wiesen sammeln, man kann es aber auch selbst im Garten oder in Balkonkübeln anpflanzen. Im April blüht die Pflanze und sollte dann abgeerntet werden. Nicht blühenden Sauerampfer

☞ Der frische, leicht säuerliche Geschmack des Sauerampfers gehört in einen typischen rumänischen Eintopf.

☞ Meerrettich passt besonders gut zu gekochtem hellen Fleisch.

II   III

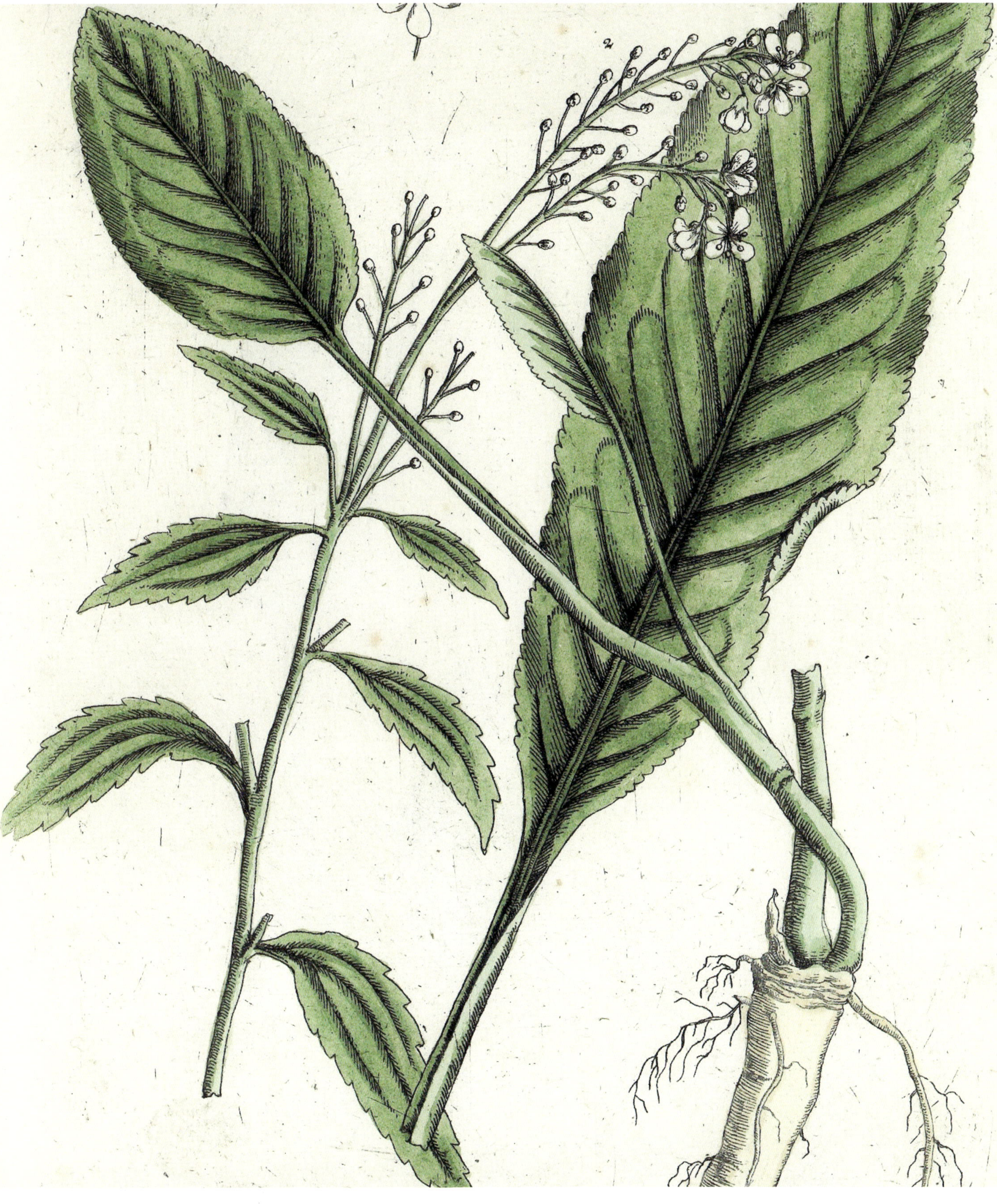
2

☞ Gemahlene Mohnsamen verleihen dem Hefegebäck in Osteuropa einen besonderen Geschmack.

kann man auf feuchten Wiesen bis in den Oktober hinein pflücken. Er schmeckt nur frisch! Besonders typisch würzt sein leicht säuerliches, zitroniges Aroma rumänische Eintopfgerichte (*Ciorbă*).

Dill

Dieses Kraut ist unverzichtbar für das Einlegen vieler Gemüsesorten in Essig, besonders von Gurken. Jeder Landstrich kennt hier eigene Vorgehensweisen und Mengenverhältnisse der notwendigen Kräuter. Polnische Gewürzgurken schmecken anders als solche aus Russland und diese wiederum anders als serbische. Frische Dillspitzen würzen außerdem auf erfrischende Weise die Joghurtsoße für einen sommerlichen Gurkensalat. Als Begleiter etlicher Süßwasserfische, zum Beispiel jüdischer Karpfengerichte, ist er ebenfalls unverzichtbar. Den größten Reiz für Auge und Gaumen hat er frisch geerntet. Man kann ihn jedoch auch an einem luftigen Ort trocknen und dann rebeln. Achtung: In tiefgefrorenem Zustand erhöht sich seine Würzkraft!

Meerrettich

Diese Pflanze gedeiht am besten in Südosteuropa in nährstoffreichem sandigen Boden bei kontinuierlicher sommerlicher Wärme. Hat man eine Wurzel auf dem Markt gekauft, kann man sie in einer mit Erde bedeckten Kiste länger aufheben. Fein gerieben darf Meerrettich (*Kren*) bei keinem Tafelspitz fehlen und passt auch gut zu gekochtem hellen Fleisch. In Osteuropa nimmt man ihn von alters her gegen Erkältungskrankheiten und sogar bei Harnwegsinfekten.

Sauerkraut

Weißkohl wird im Spätherbst in Fässern eingestampft und kräftig mit *Salz* und sparsam mit *Lorbeerblättern* gewürzt. Durch Gärung wird das Kraut haltbar und bekömmlich! Es begleitet die kalte Küche etwa zum winterlichen Abendbrot, schmeckt aber auch in Eintöpfen mit Würsten und Fleisch vom Schwein (*Szegediner Gulasch*).

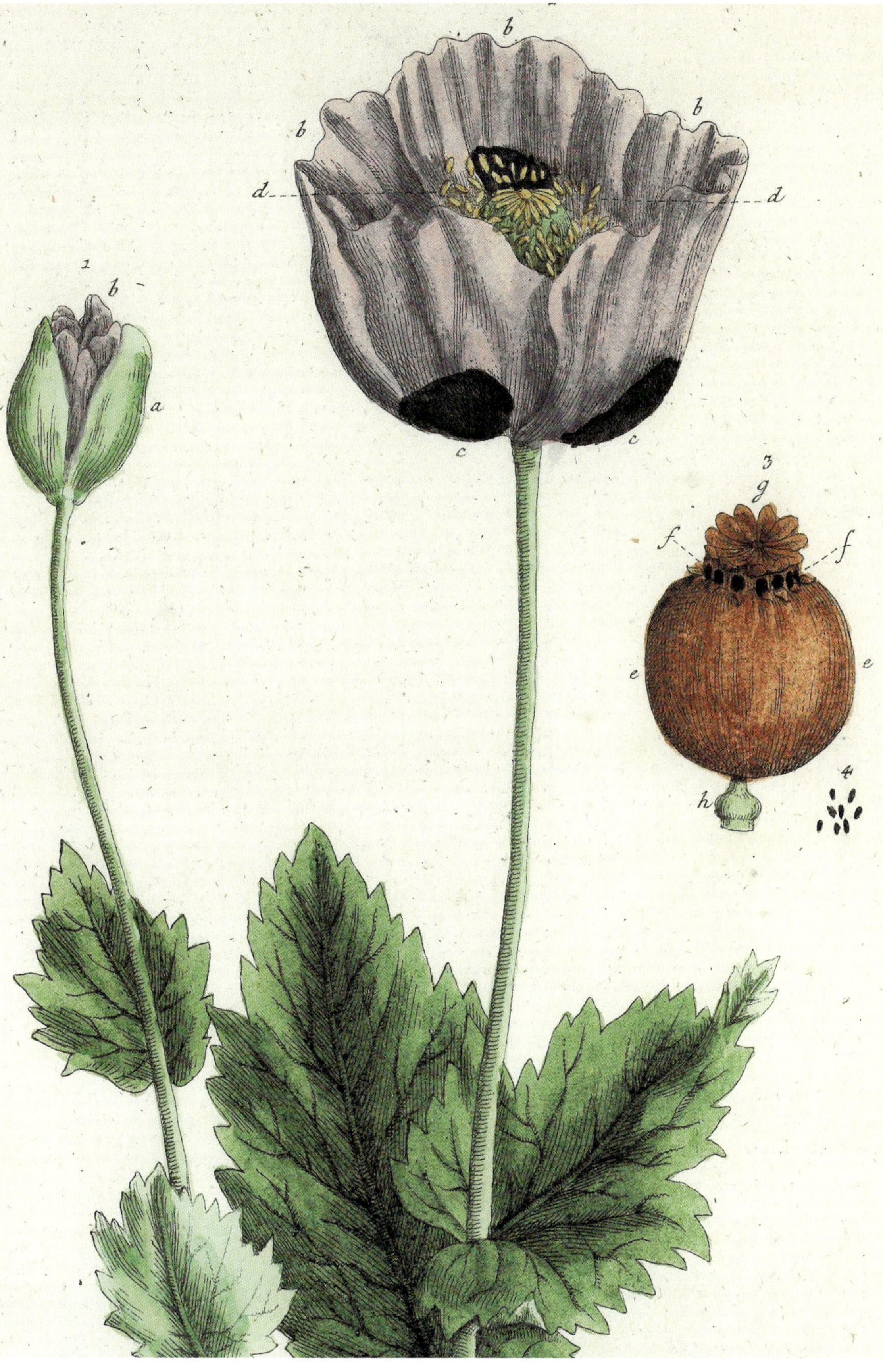

1
b
a
a
b
b
b
d
d
c
c
3
g
f
f
e
e
h
4

Salzstangen mit Kümmel

Zutaten zum Aperitif für 4 Personen

TEIG
400 G MEHL
250 G BUTTER
1/2 TASSE MILCH
1 KRÄFTIGE PRISE ZUCKER
1 HEFEWÜRFEL (CA. 40 G)
2 EIGELB
1 KRÄFTIGE PRISE SALZ

ZUM BESTREUEN
1 GUTER ESSLÖFFEL SALZ, GROB
2–3 ESSLÖFFEL KÜMMEL
1–2 VERQUIRLTE EIGELB, ETWAS FLÜSSIGE SAHNE

Zubereitung

Milch leicht erwärmen, Zucker und Hefe hineingeben. An einem warmen Ort gehen lassen, bis die Hefe Blasen schlägt.
Das Mehl auf die Arbeitsfläche sieben, mit den Händen eine Vertiefung formen. Butter mit einem Messer in grobe Stücke schneiden und zunächst mit dem Mehl vermengen, so dass kleine »abgeriebelte« Röllchen entstehen. Erneut zur Mulde formen und zügig mit der Hefemilch, dem Salz und den Eidottern vermischen.
Den entstandenen Teig solange kneten, bis er weich und geschmeidig, nicht aber fettig ist! Sollte dies der Fall sein, sparsam Mehl unterarbeiten!
Den Teig nun zu einer ca. 60 cm langen Rolle formen, die man in zwei Hälften teilt. Eine davon zur Seite legen. Die andere ausrollen, so dass idealerweise ein Rechteck von ca. 60 cm Länge und ca. 10–12 cm Breite entsteht. An Dicke sollte der Fladen deutlich einen Plätzchenteig übertreffen. Nun mit dem Ei-Sahne-Gemisch bepinseln und Salz und Kümmel auf das Gebäck streuen. Den Fladen gleichmäßig in 1 cm breite Segmente schneiden und nebeneinander auf ein mit Backpapier ausgelegtes Blech legen. Gehen lassen, bis die Salzstangen vor dem Backen ihr Volumen verdoppelt haben. Backofen auf 180 Grad vorheizen. Nun mit der zweiten Teigrolle ebenso verfahren. Ebenfalls in der warmen Küche aufgehen lassen. Beide Bleche ca. 20 Minuten goldgelb backen. Schmeckt Gästen zu einem Glas Champagner oder Weißwein!

☞ Altes Familienrezept der Autorin.

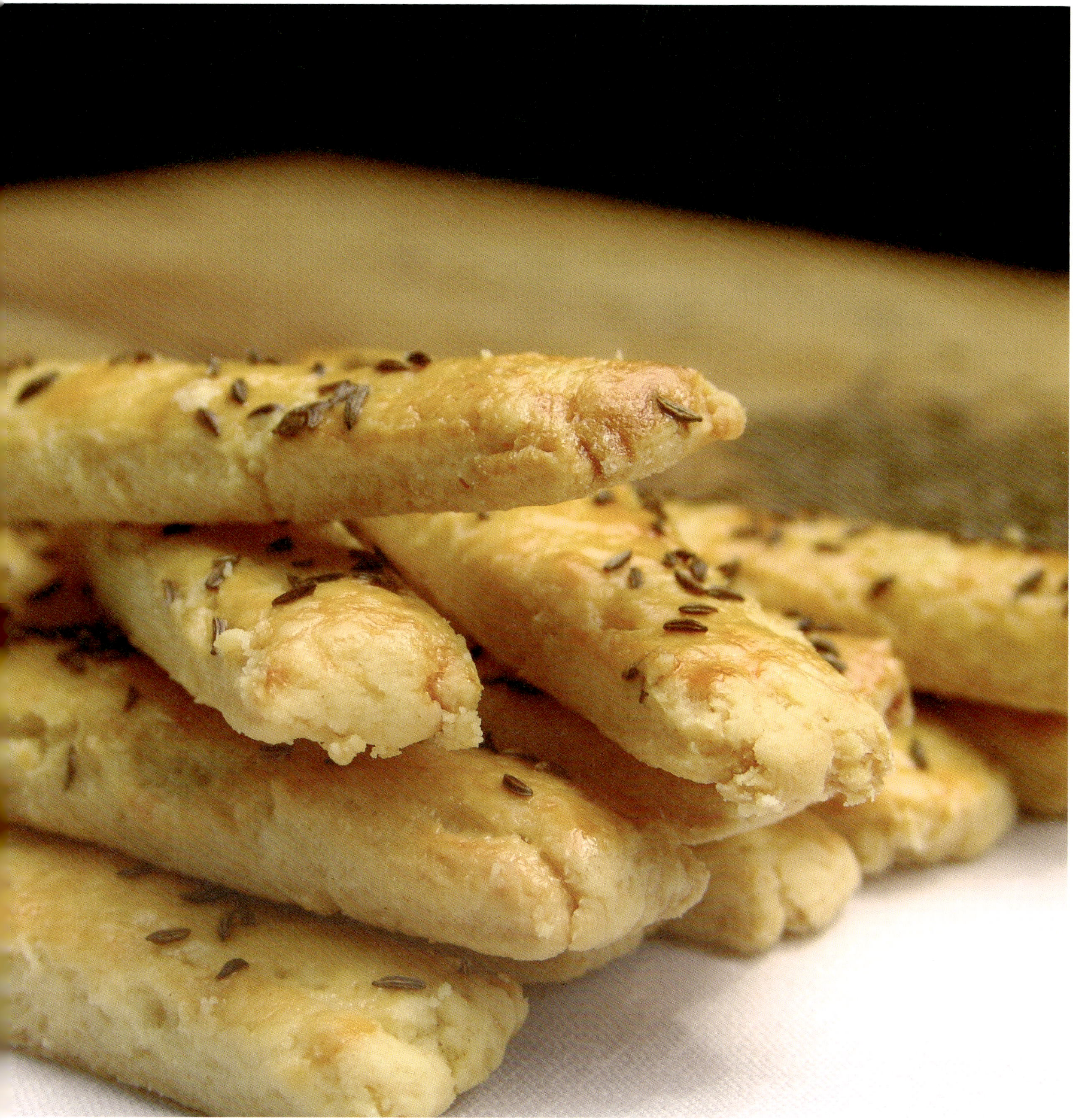

Naher Osten –
Rose und Safran

Das Gebiet des so genannten »Fruchtbaren Halbmonds« – Irak, Iran, Türkei und die Levante mit Syrien, Libanon, Jordanien und Israel – gilt als Wiege der abendländischen Zivilisation. Mag dieser Kulturkreis Westeuropäern heute noch so fremdartig anmuten: Hier finden sich die Wurzeln der drei Weltreligionen Judentum, Christentum und Islam; aus arabischer Tradition stammt unser Zahlensystem, welches sich schnell gegen das der Römer durchgesetzt hat; ebenfalls persisch-arabischen Ursprungs ist eine Vielzahl medizinischer Erkenntnisse, die über verschlungene Überlieferungswege bis in die Neuzeit hinein ihre Gültigkeit behalten haben – der Kaiserschnitt als prominentestes Beispiel. Anderen Gepflogenheiten wie der Kaffeehauskultur haben Wiener und Venezianer Verbreitung und Stil verschafft, wobei heute sicher die wenigsten ihrer Anhänger deren osmanische oder arabische Wurzeln kennen. Man weiß aus sehr frühen Quellen, dass das Küstengebiet des heutigen Nahen Ostens bereits im 12. Jahrhundert v. Chr. Siedlungsgebiet der Phönizier war. Dieses unerschrockene Seefahrervolk übte mit dem Transport exotischer Handelswaren einen starken Einfluss auf die gesamte Mittelmeerregion aus. Auf ihren Schiffen transportierten sie Pflanzen, Kräuter, getrockneten Fisch, Früchte, Nüsse, fremdländische Gewürze und Duftöle. Auch im Persischen Reich (558–330 v. Chr.), das sich von Russland bis Ägypten und von Griechenland bis nach Indien erstreckte, kannte man früh eine gehobene Tafelkultur. Durch die weite Ausdehnung des persischen Herrschaftsgebietes breiteten sich neben der Kochkunst auch heimische Produkte wie Granatäpfel oder Safran aus. Außerdem führte die alte Seidenstraße von China nach Syrien durch die nördlichen Regionen Persiens. So gelangten Gewürze und gehobene Kulturgüter wie Porzellan nach Kleinasien.

An diese Tradition knüpfte das nach der Teilung des Römischen Reiches im Jahre 395 n. Chr. entstandene Byzantinische Reich an. Am Hofe Kaiser Justinians I. und seiner Gemahlin Theodora in Byzanz fanden prachtvolle Gastmähler statt. Die Quellen berichten von Gerichten aus Indien, Griechenland, Armenien, Zypern, Syrien und Persien: Damals schon sehr beliebt war das Essen in

☞ Kostbares Rosenwasser verleiht vielen Süßspeisen im Nahen Osten ein besonderes Aroma.

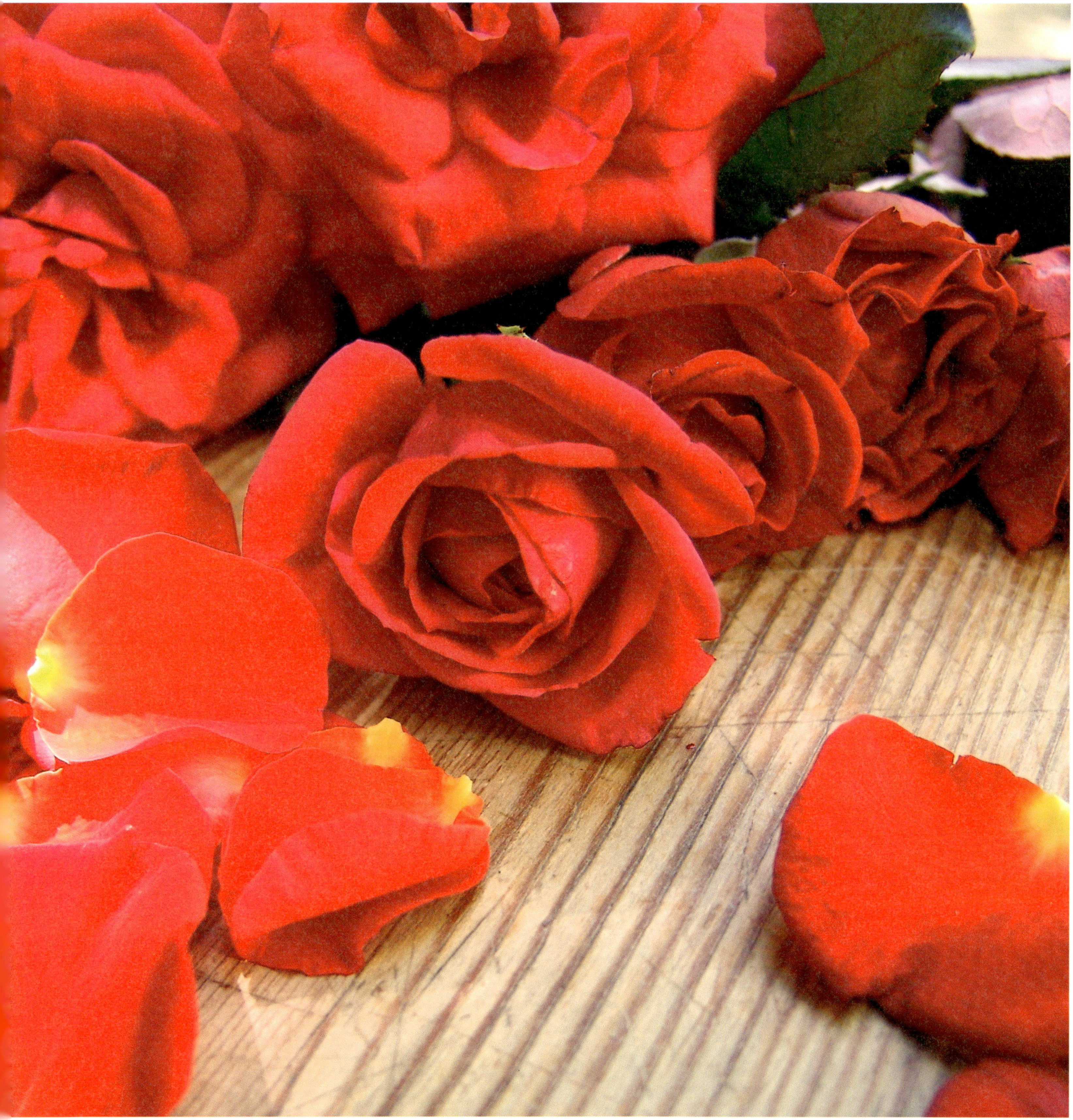

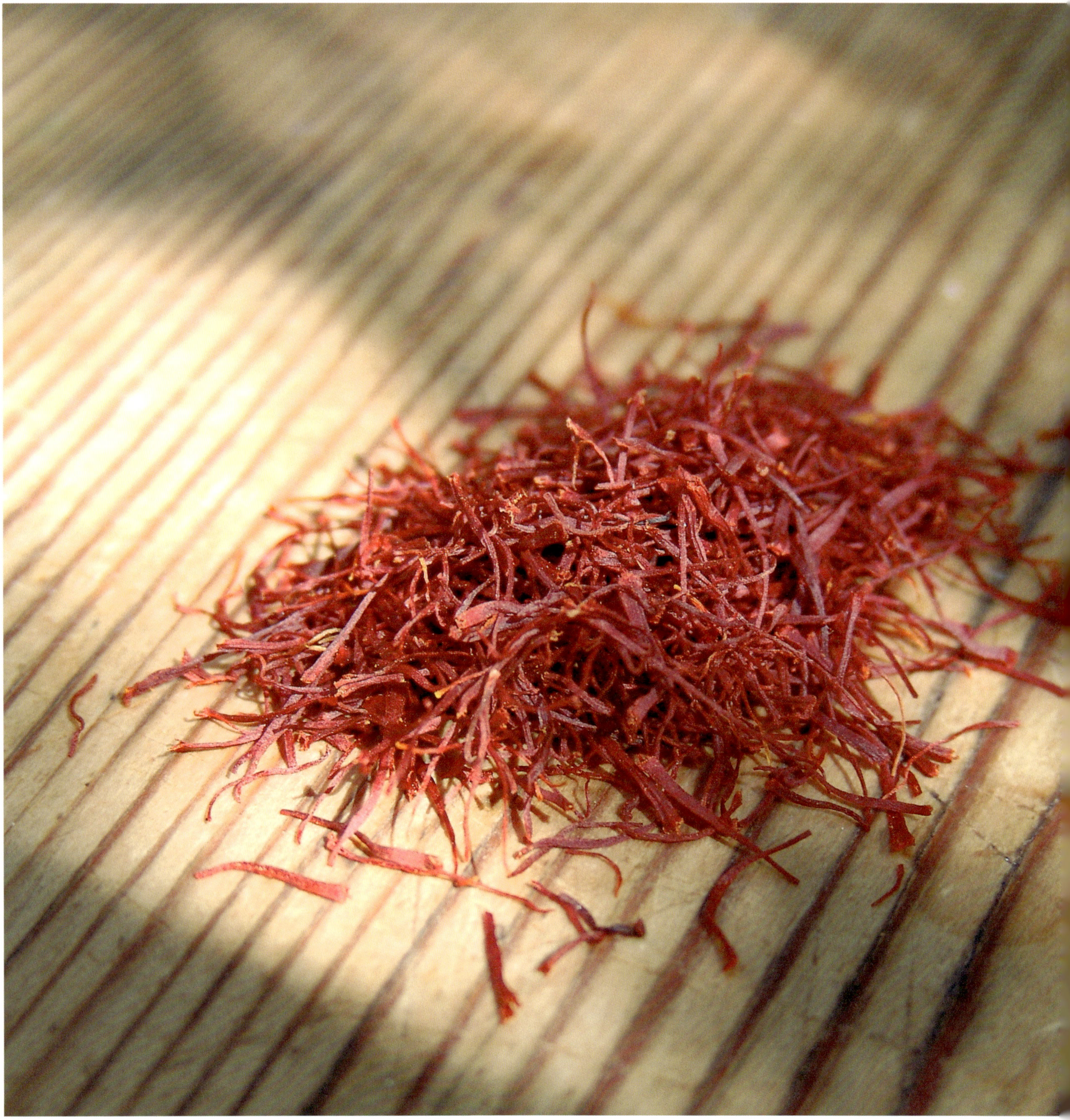

mehreren Gängen, wobei sich Suppen mit kleinen Fleischklößchen abwechselten, Eintöpfe mit im Ganzen gebratenen Lämmern, kalte mit warmen und schließlich würzig-pikante mit süßen Speisen.

Nach dem Niedergang von Byzanz eroberten Araber aus dem heutigen Saudi-Arabien Alexandria, Jerusalem, Antiochia und Damaskus. Diese einfallenden Beduinenstämme brachten nach dem Tod des Propheten Mohammed im Jahre 632 n. Chr. mit missionarischem Eifer ihre neue Religion in die befriedeten Territorien. Sie bescherten den Bewohnern neben dem Islam auch eine Wüstenkost, die Wasser durch geronnene Ziegen- oder Schafsmilch ersetzte, frisches Obst und Gemüse durch Walnüsse, Pistazien und Datteln. Als Bagdad im 10. Jahrhundert zum Verwaltungszentrum und kulturellen Mittelpunkt des gewaltigen Islamischen Reiches aufgestiegen war, entwickelte sich eine kultivierte höfische Küche. Der Tafelkult der Abbasiden muss legendär gewesen sein, erhob er doch das Essen und seine Zubereitung zur Kunst. Die eher einfachen arabischen Gerichte wurden nun mit raffinierten persischen Speisen kombiniert; dazu gesellten sich viele orientalische Gewürze wie Kreuzkümmel, Kardamom, Koriander, Bockshornklee, Kurkuma und Ingwer, die arabische Kaufleute verbreiteten.

In jener Zeit entstanden etliche Kochbücher, die das Speisen als das edelste menschliche Vergnügen ansehen und den Aspekt der Etikette oder der menschlichen Gesundheit einbeziehen. Das berühmteste darunter ist vielleicht das *kitab al-Wulsa lla'L-Habib Ibn al-'Adim*. Der Verfasser des Buches war ein Adliger, bestens vertraut mit den Standards der höfischen Küche. Es umfasst neben der Nahrungszubereitung auch Anweisungen zum Destillieren kostbarer Flüssigkeiten sowie zum Parfümieren von Körper und Atem. Viele darin vermerkte Rezepte und Ratschläge könnten heute geschrieben sein, so nachhaltig haben sie die kulinarische Tradition des Orients bis in unsere Tage geprägt.

Vierhundert Jahre später bereicherten die luxusverwöhnten Sultane des Osmanischen Reiches das ohnehin schon beachtliche Sortiment an Lebensmitteln um weitere Köstlichkeiten. Sie machten süßes, mit viel Honig oder Zuckersirup benetztes Gebäck in ganz Vorderasien bekannt. Aus ihrer weiträumigen Invasionspolitik resultiert, dass man solches Gebäck auch in Marokko, Spanien, Sizilien, ja selbst in Griechenland und Rumänien bis heute zu schätzen weiß. Auch die Trinkkultur von dickflüssigem *kahve* (türkischem Mokka) und zitronenaromatischem *Çai* (ein zu jeder Tageszeit getrunkener Schwarztee), die sich im Orient als Reaktion auf den religiös vorgeschriebenen Verzicht auf Alkohol durchgesetzt hat, fand im Süden und besonders im Osten Europas Anhänger. Der Genuss von Tee und Kaffee ist in den Ländern Vorderasiens ein Moment glückseligen Innehaltens, der einen Handel beschließt, ein Mahl beendet oder einen Gast willkommen heißt.

Überhaupt nimmt das gemeinschaftliche Kochen durch die Frauen und die ebenfalls gemeinschaftliche Einnahme der Mahlzeiten im Orient viel Zeit in Anspruch: Der Tag der Orientalen beginnt unter der morgenländischen Hitze früh mit einem knappen Frühstück aus Brot, Schafskäse und Tomaten, gelegentlich etwas Obst oder Joghurt. Zur Mittagszeit werden verschiedene kleine, oft kalte Gerichte aufgetischt, die man als *mezze* bezeichnet. Das kann zum Beispiel etwas eingelegtes Gemüse sein, gefüllte Teigtaschen, reichlich Pita-Brot, verschiedene würzige Dips mit und ohne Kichererbsenpüree (*hummus*). Erfrischend und köstlich zugleich schmecken zu Mittag würzige Gemüsesalate oder gefüllte Weinblätter. Sie sättigen, ohne den Kreislauf zu sehr zu belasten. Die eigentliche Hauptmahlzeit findet erst statt, wenn der Abend die erste Kühlung bringt. Eine strenge Menüfolge wie in den meisten europäischen Ländern gibt es nicht; im Regelfall kommen alle Speisen gleichzeitig auf den Tisch, der besonders aus Anlass eines Gastes mit orientalischer Üppigkeit lockt.

In traditionellen Haushalten wird in zwei Runden gegessen: Zunächst essen die Männer und die Gäste, anschließend die Frauen und die Kinder. Jetzt ein Gespräch über weibliche Gleichberechtigung vom Zaun zu brechen, wäre für einen eingeladenen Europäer sicher unpassend. Zum guten Benehmen gehört auch, sich vor dem Essen in den herumgereichten Schälchen die Hände zu waschen. All-

☞ Der kostbare Safran wird aus den Staubbeuteln des Safrankrokus gewonnen.

gemein üblich ist es, mit den Fingern zu essen – möglichst mit Daumen, Zeige- und Mittelfinger der rechten Hand. Die Linke gilt in arabischen Ländern als unrein. Süßes Gebäck gibt es vor allem an Festtagen und wenn Gäste bewirtet werden.

Die arabische Tradition der Gastfreundschaft ist in allen Haushalten des Vorderen Orients verbreitet. Schimpf und Schande treffen denjenigen Gastgeber, der einen Fremden nicht mit Speisen überhäuft, aber auch den Gast, der sich nicht überschwänglich bedankt.

☞ Anis wirkt verdauungsfördernd und erfrischt den Atem.

☞ Majoran ist ein Bestandteil von Zahtar.

☞ Historische Darstellung des Safrankrokus.

Mit ihrer Vorliebe für verschwenderischen Umgang mit Gewürzen und frischen Kräutern werden die orientalischen Köchinnen nur noch von den Inderinnen übertroffen. Folgende duftende Köstlichkeiten finden sich auf den Basaren von Istanbul, Damaskus, Beirut und Sanaa:

Tahina

ist eine Gewürzpaste aus *Sesamsamen*. Man nimmt sie als Dip für Fleisch und Soßen, wobei die helle milder schmeckt als die dunkle. Tahina ist in Dosen und Gläsern erhältlich.

Baharat

Die recht scharfe Gewürzmischung für Fisch- und Fleischgerichte ist auf der gesamten arabischen Halbinsel verbreitet; fast jede Hausfrau hat ihr eigenes Rezept und mischt die Zutaten immer frisch. Sie besteht aus *schwarzem Pfeffer, Chilipulver,* gemahlenen *Nelken-* und *Kreuzkümmelsamen, edelsüßem Paprika-* und *Zimtpulver* sowie zerstoßenen *Kardamomkapseln*. Als Würze verfeinert sie Schmorgerichte aus dunklem Fleisch, vor allem Lamm.

Zahtar

heißt eine Mischung aus fein zerstoßenen *Majoranblättern, Thymian,* gerösteten *Sesamkörnern* und den säuerlichen Beeren des *Gerbersumach*. Zahtar wird vor allem in jordanischen Küchen verwendet.

Zhug

nennt man im Jemen eine allgemein beliebte Paste aus gemahlenem *Kardamom, Kreuzkümmel, Knoblauch* und *Chilies,* die Suppen sowie Eintöpfen zusätzliche Schärfe verleiht.

Sumach

Lange vor der Ankunft der ersten Zitronen im Vorderen Orient waren dort Sumach und der saure Granatapfel die einzigen Säuerungsmittel. Auch heute sind sie es noch in Teilen Syriens und des nördlichen Irak, weil Zitronen hier nach wie vor rar sind. Im Libanon, im Iran und der Türkei wird er hauptsächlich als Gewürz für gegrillten Fisch und Kebabs – alle Arten von gebratenem Fleisch – verwendet.

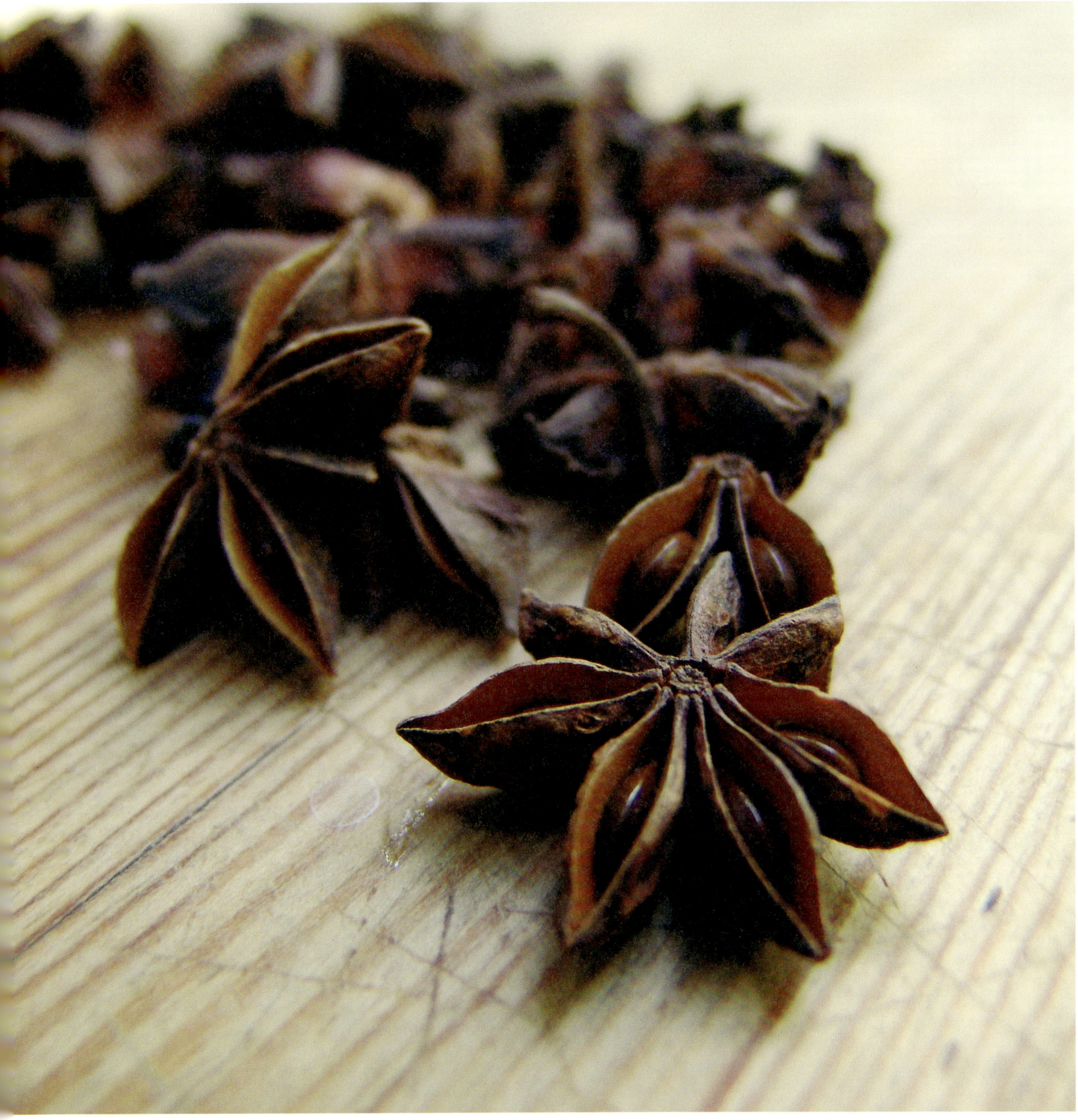

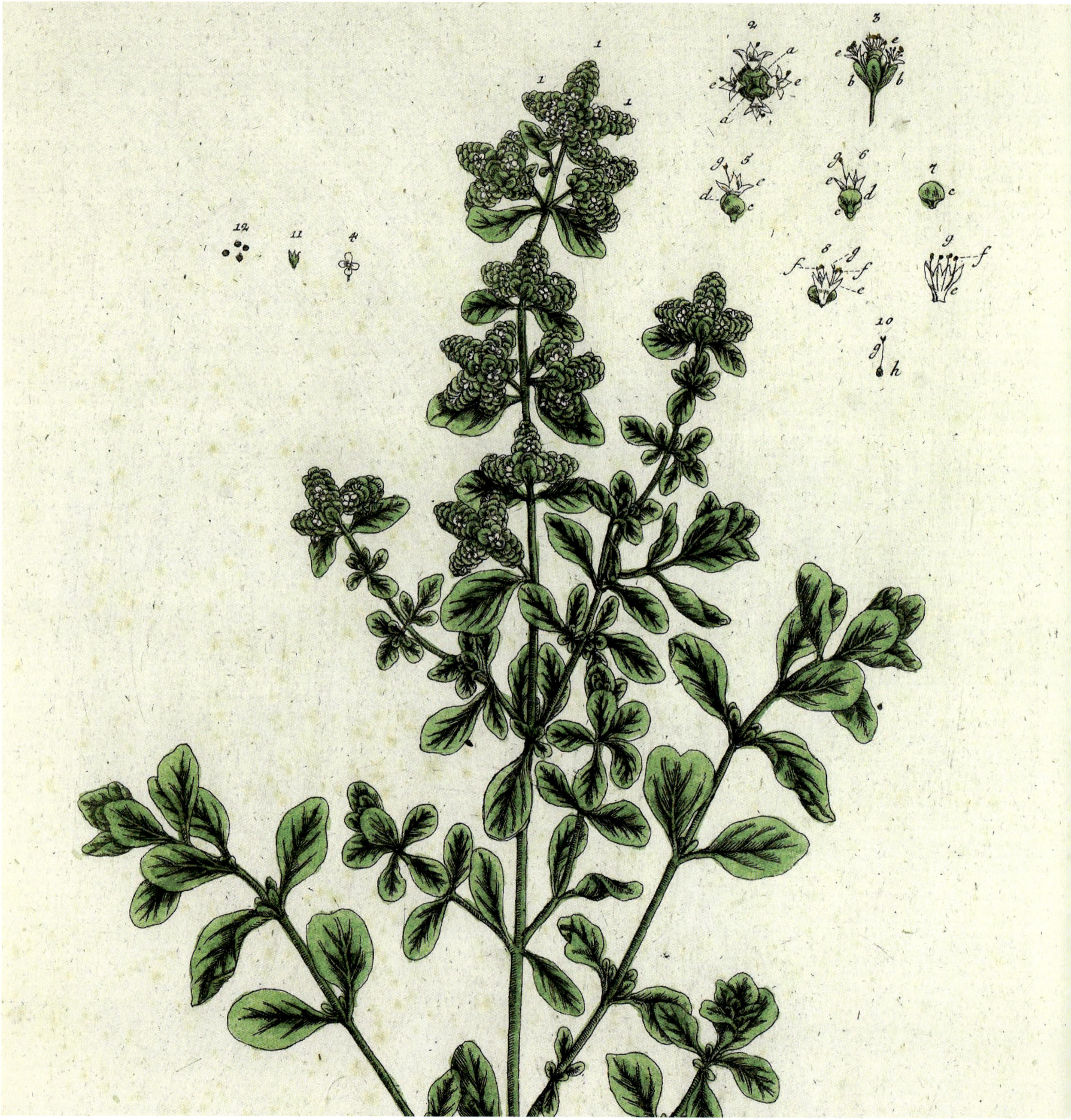

144.

Anis

Anis stammt von der levantinischen Küste. Der Gebrauch in der Küche lässt sich bis in die Zeit der ägyptischen Pharaonen und des Alten Rom zurückverfolgen. In der Kräuterapotheke genießt er seit Jahrhunderten den Ruf eines verdauungsfördernden und harntreibenden Mittels, das darüber hinaus den Atem erfrischt. Der türkische *raki*, wie auch der *arak* aus Jordanien und dem Libanon – beide zu den *mezze* oder zu Fisch getrunken – sind Traubendestillate auf der aromatischen Basis von Fenchelsamen. Im Orient würzt man ebenfalls Gebäck mit Anis. In Syrien und dem Libanon wird den Gratulanten zur Geburt eines Sohnes – mittlerweile auch einer Tochter – der feierliche Reispudding *meghlie* gereicht, der eine beträchtliche Menge an gemahlenem Anis enthält.

Gewürznelke

Der sprechende Name der Nelke stammt vom mittelhochdeutschen *negelkin* – Nägelchen – und dieses wiederum von der lateinischen Bezeichnung *clavus*, was soviel wie »Nagel« heißt. Der arabische Name dagegen ist wohl der älteste und bedeutet »Nägel des Nelkenbaums«. Nelken hat man bereits im 3. Jahrhundert v. Chr. in China verwendet. Sie stammen ursprünglich aus den tropischen Gefilden der Gewürzinseln (Molukken). Als die Holländer die Inseln 1605 besetzten, sicherten sie sich damit das Monopol über die Ausfuhr von Gewürznelken – solange, bis die Franzosen Samen nach Mauritius schmuggelten, von wo aus das Gewürz Madagaskar und Tansania erreichte. Nelke findet in unzähligen orientalischen Gerichten, gleich ob pikant oder süß, Eingang. Die Verwendung des Gewürzes hat auch ganz praktische Gründe: Sein Zusatz kann das Fett in schweren Fleischeintöpfen neutralisieren oder bei Innereigerichten wie dem beliebten türkischen Hirneintopf *beyin salatisi* zur appetitlichen Reinigung des Gargutes beitragen. Ebenfalls wegen ihres würzigen und angenehmen Aromas kauen Orientalen Nelken nach dem Genuss stark knoblauchhaltiger Mahlzeiten.

Koriander

Die Korianderpflanze wurde bereits im alten Ägypten als Heilpflanze und Küchengewürz verwendet. Man fand ihre Samen sogar in manchen Pharaonengräbern. Seit biblischen Zeiten werden ihre Samen mit der Farbe des himmlischen Manna verglichen. Sie würzen bis heute ganz selbstverständlich Gemüseeintöpfe und Fleischbällchen, aber auch Brote und Kuchen. Das frische Grün der Pflanze wird im Vorderen Orient, im Iran und im gesamten arabischen Raum ebenfalls verwendet. Daher kommt sein Name »arabische Petersilie«. Koriander ist außerdem eines der bitteren Kräuter, die traditionell am jüdischen Passah-Fest gegessen werden.

Trockenfrüchte

Orientalen schätzen seit Urzeiten diese vom Klima bevorzugte Form der Haltbarmachung von exotischem Obst. Ob es sich dabei um die beliebten Aprikosen, die nahrhaften Datteln, um Feigen, Maulbeeren, Pflaumen, Äpfel oder Kirschen handelt – die Süße der genannten Früchte steigert sich durch das Trocknen und das kommt der Naschhaftigkeit der Orientalen sehr entgegen. Sie werden sowohl als »Snack« zwischendurch gegessen, als auch in Gebäck und Süßspeisen verarbeitet. Selbst Eintöpfen und Soßen geben sie einen besonderen süß-pikanten Geschmack.

Safran

Der Safrankrokus wird in Westasien und der Mittelmeerregion seit der Antike angebaut. Bereits damals verwendeten ihn Fürsten und Wohlhabende, um ihre Bankettsäle zu beduften und um Speisen und Kleider zu färben. Über Kleopatra wird behauptet, sie habe Safran als kostbare Schminke benutzt; von Nero kursiert die Legende, er habe befohlen, bei seiner Rückkehr von einem siegreichen Feldzug die Straßen Roms mit Safranwasser zu besprengen. Überall im Orient werden heute noch Safrangerichte – Puddings, Eiscremes, Kuchen, aber auch salzige Reisgerichte – an Festtagen aufgetischt. Das sehr teure Gewürz wird stets in kleinen Mengen verkauft, da sich Farbe, Aroma und Duft durch längeres Lagern verflüchtigen.

Rose

Ursprung und Verwendung der Rose lassen sich bis ins alte Ägypten, nach Persien und Babylon zurückverfolgen. Ehe es Seifen gab, badete man in Ägypten in mit Rosenblüten beduftetem Wasser. Bereits im 9. Jahrhundert stellten die Perser mit Rosenblüten parfümierten Wein her und destillierten Rosenwasser in großem Stil. Später, in osmanischer Zeit, wurde es zu einem beliebten Aromastoff der Palastküche. Sirupgetränktes Gebäck oder Milchpuddings erhielten durch das Rosenwasser eine besonders feine, kostbare Note. Solche Aromen genießen zu dürfen, geziemte freilich nur dem Sultan und seinem Hofstaat: Zur Gewinnung eines Liters Rosenöl werden drei bis vier Tonnen Blütenblätter benötigt, was seine Kostbarkeit begründet. Noch heute gehören mit Rosenaroma versehene Süßspeisen zu den beliebtesten Leckereien des »Morgenlandes«. Ob mit Rosen parfümierter türkischer Honig (*lokum*) oder aus Rosenblättern hergestellte Marmelade – gerade bei Hochzeiten, Beschneidungen oder Geburtsfesten lieben die Orientalen kulinarische Prachtentfaltung und Üppigkeit. Welche andere Blume könnte dies besser ermöglichen als die Rose?

Weinblätter mit Hackfleischfüllung

Zutaten für 4 bis 6 Portionen

300 G IN LAKE EINGELEGTE WEINBLÄTTER
AUS DEM TÜRKISCHEN FEINKOSTGESCHÄFT
3 MITTELGROSSE ZWIEBELN
60 G RUNDKORNREIS
80 G BUTTER
400 G RINDERHACKFLEISCH
SALZ
SCHWARZER PFEFFER
1/2 TEELÖFFEL GETROCKNETE MINZE
1/2 BUND DILL
1 BUND GLATTE PETERSILIE
2 BECHER JOGHURT (JE 175 G)
2 KNOBLAUCHZEHEN

Zubereitung

Weinblätter einzeln abspülen, 5 Minuten blanchieren und abtropfen lassen.

Zwiebeln fein würfeln und mit dem Reis in 30 g Butter glasig dünsten.

1/8 Liter Wasser angießen und 10 Minuten bei milder Hitze garen. Nach dem Abkühlen mit Hackfleisch, Salz und Pfeffer, Minze und den feingehackten Kräutern gut vermengen.

Auf jedes Weinblatt am Stielansatz einen gehäuften Teelöffel Hackfleischmischung geben, länglich formen, beide Blattseiten darüber klappen und zur Spitze hin aufrollen. Den Boden eines breiten Topfes mit den Blättern auslegen, darauf dicht nebeneinander die Röllchen legen; alles mit Butterflocken und weiteren Weinblättern bedecken. Zum Garen mit einem Teller beschweren. Soviel Wasser angießen, dass die Blätter bedeckt sind. Das Ganze bei mittlerer Hitze eine Stunde garen.

Joghurt mit Salz und zerdrücktem Knoblauch vermischen. Weinblattrollen heiß mit kalter Joghurtsoße servieren!

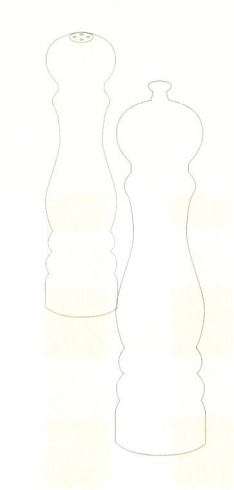

☞ Etli yaprak dolması heißen die gefüllten Weinblätter in türkischer Sprache.

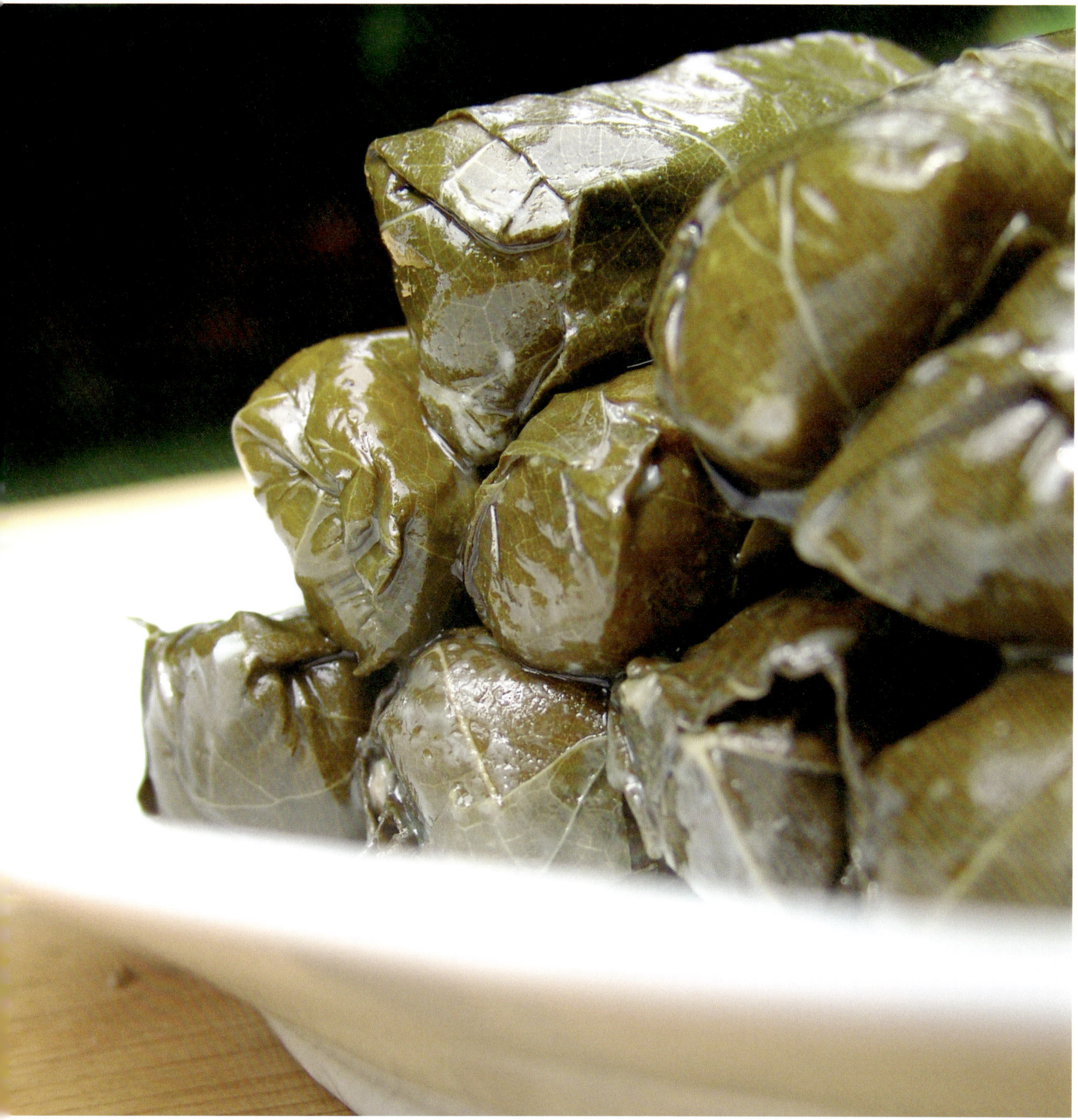

Ferner Osten –
Ingwer und Zitronengras

Es gibt niemanden, der nicht isst und trinkt, aber nur wenige, die den Geschmack zu schätzen wissen. KONFUZIUS

Die kulinarischen Traditionen Südostasiens, wozu China, Japan, Korea, Vietnam, Thailand und Indonesien gehören, sind so alt wie die dort verwurzelten Hochkulturen. Eine überregionale Küche auf diesem riesigen, bevölkerungsreichen, viele Klimatypen streifenden Subkontinent auszumachen, ist denn auch beinahe unmöglich. Man kann immerhin sagen, dass asiatisches Essen allgemein auf die absolute Frische der Grundprodukte setzt, auf vitaminschonende Garmethoden wie Dämpfen im Bambuskörbchen oder im Bananenblatt und fettarmes Kurzbraten in der Wok-Pfanne. Besonders in Gebieten, in denen der Zen-Buddhismus die zentrale Religion ist, verzichten die Menschen bewusst auf den Genuss von Fleisch. In Japan und China sind deshalb Sojaprodukte wie *Tofu* und *Miso* von jeher ein ernährungsphysiologisch wertvoller Ersatz für tierisches Eiweiß. Seit Jahrtausenden praktizieren die Asiaten eine Küche, wie sie auch die moderne Ernährungslehre empfiehlt. Dies und die Lust auf exotische Gaumenfreuden, deren Zutaten zumindest in Großstädten auf Schritt und Tritt zu haben sind, haben ihr in den letzten Jahren viele Anhänger verschafft. Die genannten Garmethoden sind zudem ideal für all jene, die nicht lange am Herd stehen wollen und das Portionieren oder das Feinschneiden der Zutaten gerne einmal der geselligen Runde ihrer Gäste übertragen.

Zweifellos hat die asiatische Küche auch noch andere, würzigere Zubereitungsarten hervorgebracht: Beliebt ist das Marinieren in Reiswein, Sojasoße, Zucker, Salz oder Gewürzen. Ziel dieses schmackhaften Würzens durch Einlegen ist es, Geschmack und Struktur einer Zutat so zu verändern, dass sie ihre aromatischste Seite zeigt. Die koreanische Nationalbeilage *kimchi* – milchsauer vergorener Kohl – wird auf diese Weise hergestellt; ähnlich erhalten mundgerecht in Stücke zerteilte Fleischhäppchen vom Schwein, Rind oder Fisch die nötige Würze und Konsistenz, bevor sie im Wok gegart werden. Für Menschen, die nicht kalorienbewusst leben müssen und sich an Gewürze und Zubereitungsarten des fremden Kontinents erst einmal herantasten wollen, empfehlen sich Frittieren, Rotschmoren und Weißgaren. Asiaten frittieren eigentlich alles: vorgekochte und wieder getrocknete Nudeln, Stück-

☞ Frisch und eingelegt verwendet, verleiht Ingwer Gerichten eine angenehme Schärfe.

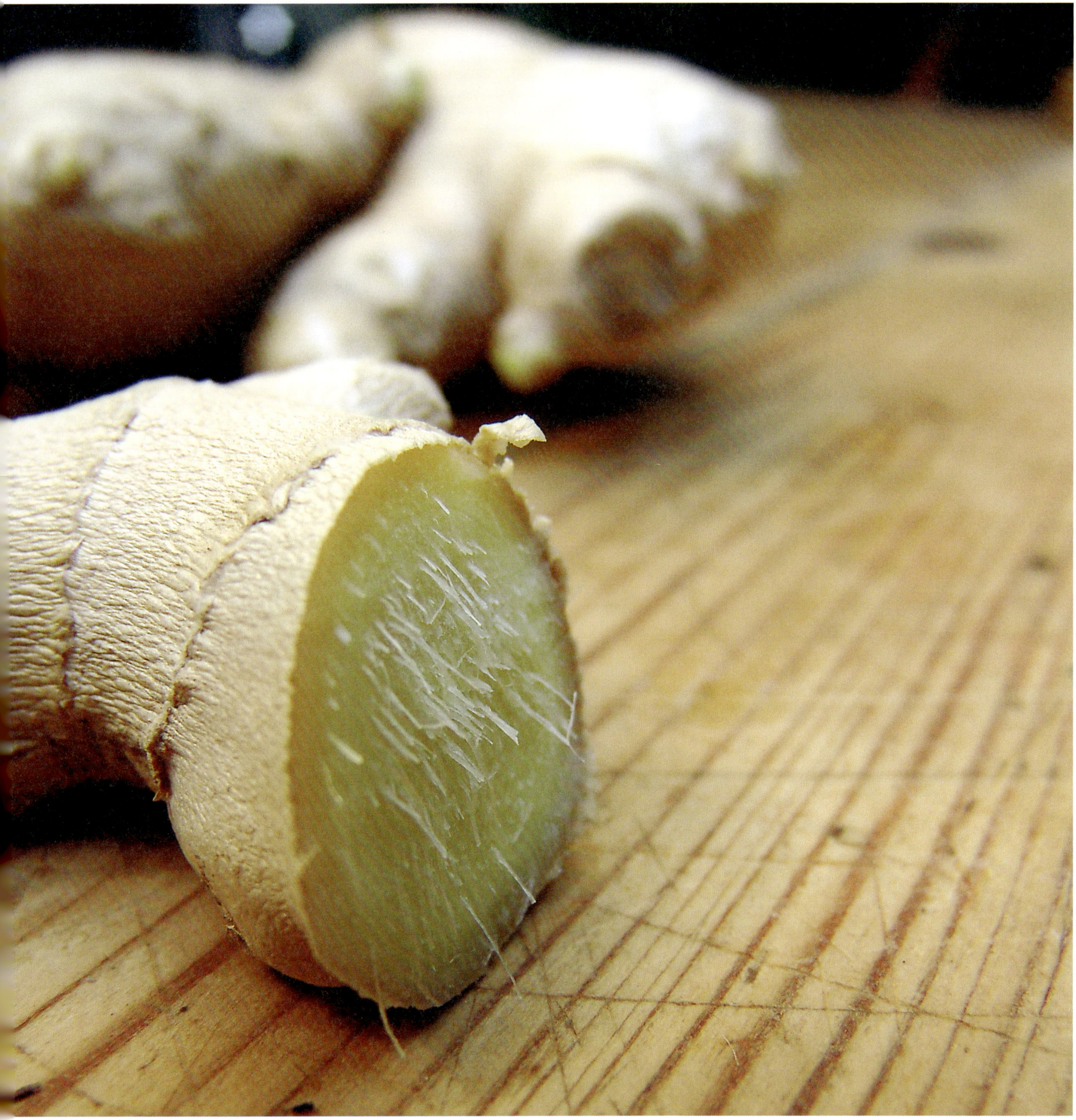

chen von Gemüse, vorgekochte Fleischstücke oder Fische im Ganzen. Garnelen oder zarter Fisch und Gemüse werden vor dem Frittieren in *tempura*-Teig getaucht, der die Häppchen vor zu großer Hitze schützt. Bekannt und allseits beliebt ist auch die Frühlings- oder Herbstrolle, die ihre Knusprigkeit eben dieser Garmethode verdankt. Wer es knusprig, saftig und würzig liebt, frittiert doppelt und aromatisiert das Kokosfett – nicht zu verwechseln mit Kokosöl! – zusätzlich mit Knoblauch, Ingwer und Chili.

Das Rotschmoren ist eine Zubereitungsart, die dem europäischen Saucenziehen und Bratenschmoren nahe kommt. Fetthaltigeres Fleisch wie Ente, Aal, Karpfen oder Schwein werden in einem Würzsud aus Sojasoße, Zucker, Reiswein und weihnachtlichen Gewürzen (Sternanis!) langsam gegart, bis alle Aromen einander auf perfekte Weise durchdringen.

Das Weißgaren, das sich besonders für Hähnchenfleisch eignet, ist eine äußerst sanfte und schonende Kochmethode. Das Fleisch zieht langsam gar und wird abschließend in Eiswasser getaucht, um seine zarte Konsistenz zu behalten. In mundgerechte Stückchen zerteilt, wartet das Fleisch nun geradezu darauf, mit einem würzigen Dip, deren es in Fernost Hunderte gibt, verspeist zu werden. Überhaupt steht die fernöstliche Küche dafür, die aufgetragenen Gerichte einer Mahlzeit, welche traditionell auf einmal präsentiert werden, in vollendeter Harmonie miteinander zu zeigen: Etwas Saures soll etwas Süßem gegenüberstehen, etwas Würziges mit etwas Mildem wetteifern, etwas Rohes neben etwas Gekochtem bestehen können. Der Zusammenklang vieler Geschmacksrichtungen bestimmt die gesamte Mahlzeit und gereicht der Küche zum Lob. Gemäß einem japanischen Sprichwort lebt man 75 Tage länger, wenn man das Glück hat, etwas zu essen, was man vorher noch nie gekostet hat. Das erklärt die ungeheure Vielfalt asiatischer Gerichte und die Experimentierfähigkeit gerade im Bereich des Würzens.

Geht man fernöstliche Gefilde nach genau diesem kulinarischen Prinzip von Norden nach Süden ab, lassen sich freilich deutliche Unterschiede entdecken.

So geht die Küche Japans, getreu ihrem Ruf als klar, leicht, einfach und ästhetisch, sparsam mit Würzmitteln um.

Qualität, Eigengeschmack und Frische der Grundprodukte stehen an erster Stelle: Den Sushi-Rollen nimmt heute keiner mehr ab, dass sie eigentlich eine althergebrachte Methode zur Haltbarmachung von frischem Fisch waren. Würzig und gleichzeitig konservierend wirken hier Sojasoße und Reiswein zusammen. Zu Sushi reicht man *wasabi*, eine scharfe grüne Paste, die aus japanischem Meerrettich hergestellt wird. Ein weiteres Würzmittel ist *sansho*, das japanische Pfefferblatt, dessen Früchte jedoch angenehm nach Minze duften und hauptsächlich zum Garnieren verwendet werden. Typisch japanisch ist außerdem *dashi*, eine Allzweckbrühe aus Kombu und getrockneten Bonito-Flocken. Dashi ist eine unentbehrliche Würze für Suppen und gekochte Gerichte, Dips und Marinaden. Weiße und schwarze Sesamkörner sind ebenfalls eine wichtige Zutat. Sie werden aber wie viele japanische Würzmittel nicht mitgekocht, sondern separat als Würze gereicht. *Gomasio,* eine Mischung aus schwarzem Sesamsamen und Meersalz, wird oft als Tischwürze für Reis und rohes Gemüse bereitgestellt. Das geschmacksintensivere Sesamöl verfeinert dagegen Öle zum Ausbacken von Tempura-Gerichten. Grüner Tee, warmer oder kalter *sake* (Reiswein) und gelegentlich eiskalt serviertes Bier sollen den puren Geschmack eines genossenen japanischen Mahls unterstreichen.

Wenn die japanische Küche, der insularen Lage des Kaiserreiches entsprechend, kulinarisch eher ein Sonderdasein führt, so hat Chinas Kultur und Küche den gesamten Süden des Kontinents geprägt. Dabei kochen und würzen die Chinesen in einem Land von der Ausdehnung Europas, das zudem ein Sechstel der Weltbevölkerung beheimatet, durchaus unterschiedlich: Im Norden, wo das Klima rau und die Winter kalt sind, liebt man würzig dampfende Suppen mit Nudeleinlage. Nudeln stehen ohnehin in China symbolisch für ein langes Leben. Berühmtheit hat die mit Honig marinierte Peking-Ente erlangt – ein Gericht aus dem Kaiserpalast, deren Zubereitung sehr zeitaufwändig ist.

In der Küche des Ostens, der Shanghai-Küche, verwenden die Hausfrauen und Garköche gerne Zucker; sehr beliebt ist daher die süß-saure Geschmacksrichtung vieler Ge-

☞ Bei frischen Stängeln kommt das zitronige Aroma des Zitronengrases am besten zur Entfaltung.

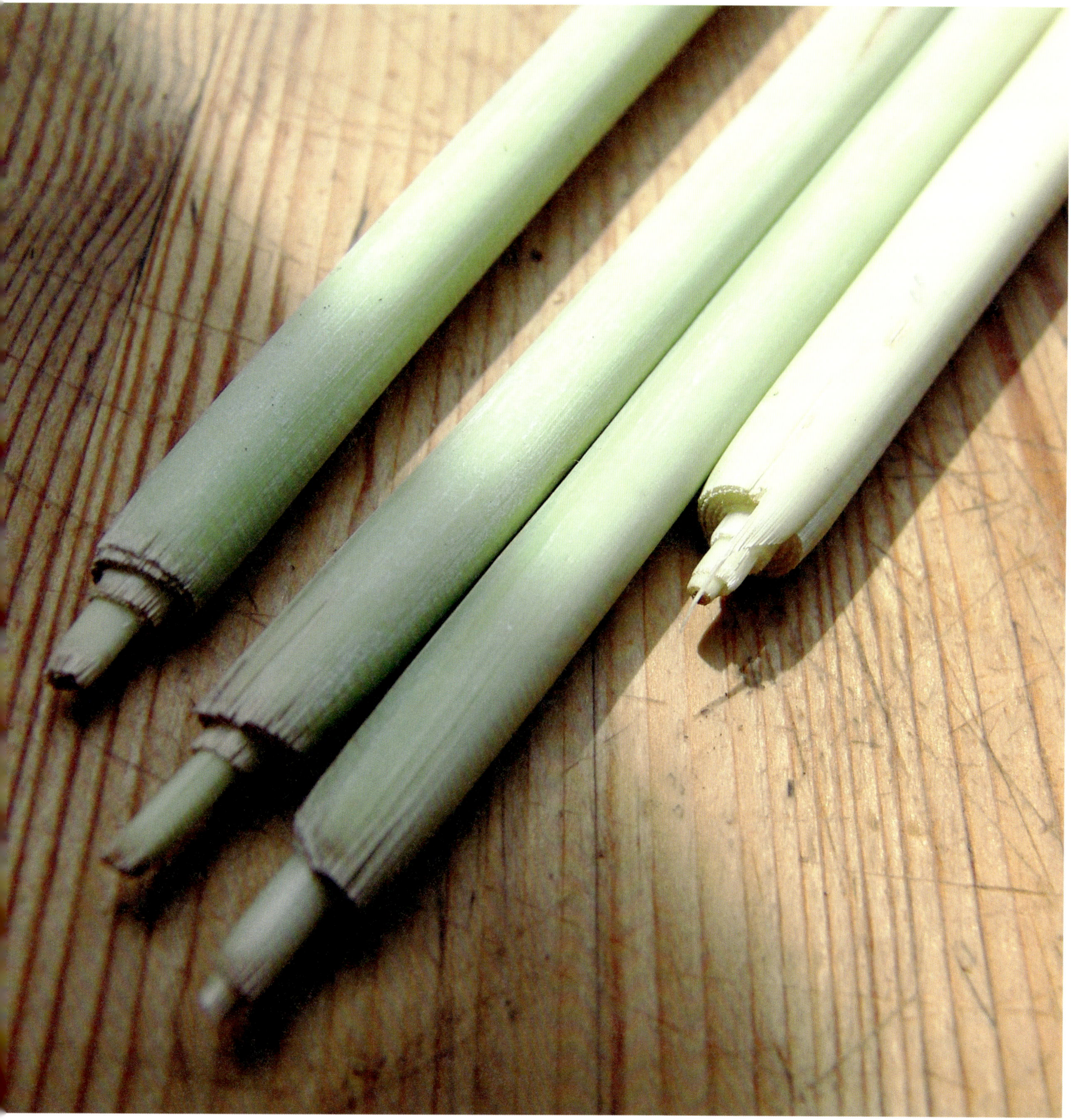

richte. Der feuchtwarme Westen Chinas hat eine nach europäischen Vorstellungen sehr würzige, vor allem von Szechuan-Pfeffer und Chilies geprägte Küche hervorgebracht. Was kaum jemand bedenkt: Die zugegebene Schärfe neutralisiert Mikroben im Essen oder im Verdauungstrakt, die sich im subtropischen Klima schnell bilden können. Zu den übrigen Würzmitteln der Szechuan-Küche gehört salzige Gelbe-Bohnen-Sauce, eine Paste aus fermentierten gelben Sojabohnen, die Suppen, Pfannengerührtes und Eintöpfe würzt.

Die Kanton-Küche als berühmteste der vier chinesischen kulinarischen Traditionen hat den Ruf großen Variantenreichtums. Nirgendwo sonst in China ist das Angebot an frischem Fisch, Fleisch, tropischen Früchten und Reis üppiger. Kräuter und Gewürze werden jedoch nur in Maßen benutzt. Koriander, Ingwer, Chilies, Gewürznelken, Tangerinenschale (eine Mandarinenart), Sesamkörner und Sternanis sind geschmacklich immer präsent, jedoch nie dominant. Getrocknete Zutaten wie Trockenpilze oder getrockneter Fisch, die in der gesamten asiatischen Küche präsent sind, erfreuen sich bei kantonesischen Köchen besonderer Beliebtheit. Durch sie erhalten die Rührgerichte aus dem Wok bei gekonnter Dosierung ein besonderes Aroma. Zu chinesischen Gerichten schmeckt warmer Reiswein, Grün- oder Jasmintee oder auch einmal ein kühles chinesisches Bier.

Die Küche Vietnams orientiert sich nach Garmethode (Dämpfen und Pfannenrühren) und Essbesteck (Schälchen und Stäbchen) nachhaltig an China. Anders als ihre nördlichen Nachbarn machen sie jedoch großzügigen Gebrauch von Kräutern wie Dill, Zitronengras, frischem Koriandergrün, Minze und Basilikum. Berühmt sind außerdem die Dips *nuoc mam* und *nuoc cham*, die man beide durch das Fermentieren von Fischen herstellt. Die ohnehin pikante Sauce erhält noch mehr Schärfe, wenn ihr Chilies, Knoblauch, Weinessig, Limettensaft und Zucker beigemischt werden.

Ähnlich wie die vietnamesische und die koreanische Küche haben auch die Thai den Wok als ideale Garmethode von den Chinesen übernommen. Anders als in China verzichten thailändische Köche jedoch auf das Andicken pfannengerührter Gerichte mit Maisstärke. Das macht ihre Gerichte deutlich feiner und leichter. In ähnlicher Weise beeinflussten die Inder und ihre Currygerichte die Würzmethoden Thailands. Während jedoch indische Currys generell mit zerstoßenen Trockenkräutern und -gewürzen zubereitet werden, basieren Thai-Currys generell auf einer Currypaste aus frischen Kräutern und Gewürzen. Eine weitere Geschmacksnote, die viele Thai-Gerichte begleitet, ist der angenehm säuerliche Geschmack von Tamarinde, das Zitronenaroma von Limettensaft, Kaffirblätter und Zitronengras sowie das warm-würzige Aroma von Ingwer und Galgant. Zum Aromatisieren oder als Zutat dürfen stark duftende tropische Blüten (*mali*, eine Art weißer Jasmin) ebenfalls nicht fehlen.

Sogar in den Küchen des Südpazifik ist der chinesische Einfluss noch spürbar – im Allgemeinen herrschen hier die gleichen Gewürze und Kräuter vor. Vielleicht sind Fleischspieße (*satays*) verbreiteter, ebenso der Gebrauch von Kokosmilch oder Erdnüssen in diversen Dips und Soßen. Vielerorts ersetzt der ungezwungene Gebrauch der rechten Hand jegliches Essbesteck.

☞ Fenchelknollen gehören in zahlreiche fernöstliche Gerichte und verleihen ihnen einen ganz besonderen Geschmack.

☞ Die Schärfe des Pfeffers schützt im subtropischen Klima vor Mikroben im Essen. Historische Darstellung des langen Pfeffers.

Gewürze, Kräuter und exotische Zutaten, die für die asiatische Küche unentbehrlich sind (man bekommt sie mittlerweile in jedem Asia-Shop):

Sojasauce

Sie ist die entscheidende Würze der asiatischen Küche und wird aus Sojabohnen, Weizen und Wasser durch Fermentierung hergestellt. Den Soßen, die hell oder dunkel sein können, ist Salz in verschiedenen Mengen beigegeben. Japanische Sojasaucen schmecken sehr intensiv, die aus Thailand und Indonesien eher süßlich. Der Preis ist hier in jedem Falle Garant für hohe Qualität!

Mu-Err-Pilze/Shiitake-Pilze

Sie sind aus der chinesischen Küche nicht wegzudenken, da sie Suppen, Wok-Gerichte, aber auch Rotgeschmortes mit ihrem feinen Pilzgeschmack verfeinern. Die Morcheln werden vor der Verwendung ca. 30 Minuten in lauwarmem Wasser eingeweicht.

Reisessig

In der gesamten asiatischen Küche wird er zum Marinieren von Fleisch, Fisch oder anderem Gargut verwendet. Die chinesische Variante ist dunkelbraun; die japanische, welche mild und hell ist, findet dann Verwendung, wenn man vermeiden will, dass das Gericht sich dunkel verfärbt.

Sesamöl

Die Asiaten verwenden es nicht zum Braten oder Frittieren, sondern schätzen seine nussige Würze, wenn sie es, wie etwa bei Wan-Tan-Suppen, über fertige Gerichte träufeln. Das Öl wird aus gerösteten Samen gewonnen und hat, auch bei dunkler und kühler Lagerung, nur eine kurze Haltbarkeit.

Ingwer

Kaum ein Gewürz, das für Europäer »asiatischer« wäre als dieses! Die Ingwerknolle wird frisch geschält, zerkleinert, gerieben und sogar eingelegt. Ingwer zählt nach der Yin- und Yang-Lehre zu den wärmenden Gewächsen, die, frisch Suppen beigegeben, bei Erkältungen deutliche Linderung verschaffen. Dieselbe (Hühner-)Suppe vermag den Milchfluss bei Wöchnerinnen anzuregen.

Galgant

Die helle Galgantwurzel ist mit dem Ingwer verwandt, schmeckt jedoch deutlich milder und gleichzeitig säuerlicher. Wenn man ihn durch Ingwer ersetzen möchte, empfiehlt sich die Zugabe von etwas geriebener Zitronenschale.

Zitronengras

Dieses lauchähnliche Gewächs ist in vielen südostasiatischen Gerichten und Currypasten enthalten. Das kräftig zitronige Aroma entfaltet sich erst, wenn man die Stängel fein zerschneidet oder im Mörser zerdrückt. Das ebenfalls erhältliche Würzpulver ist nur eine schlechte Alternative!

288.

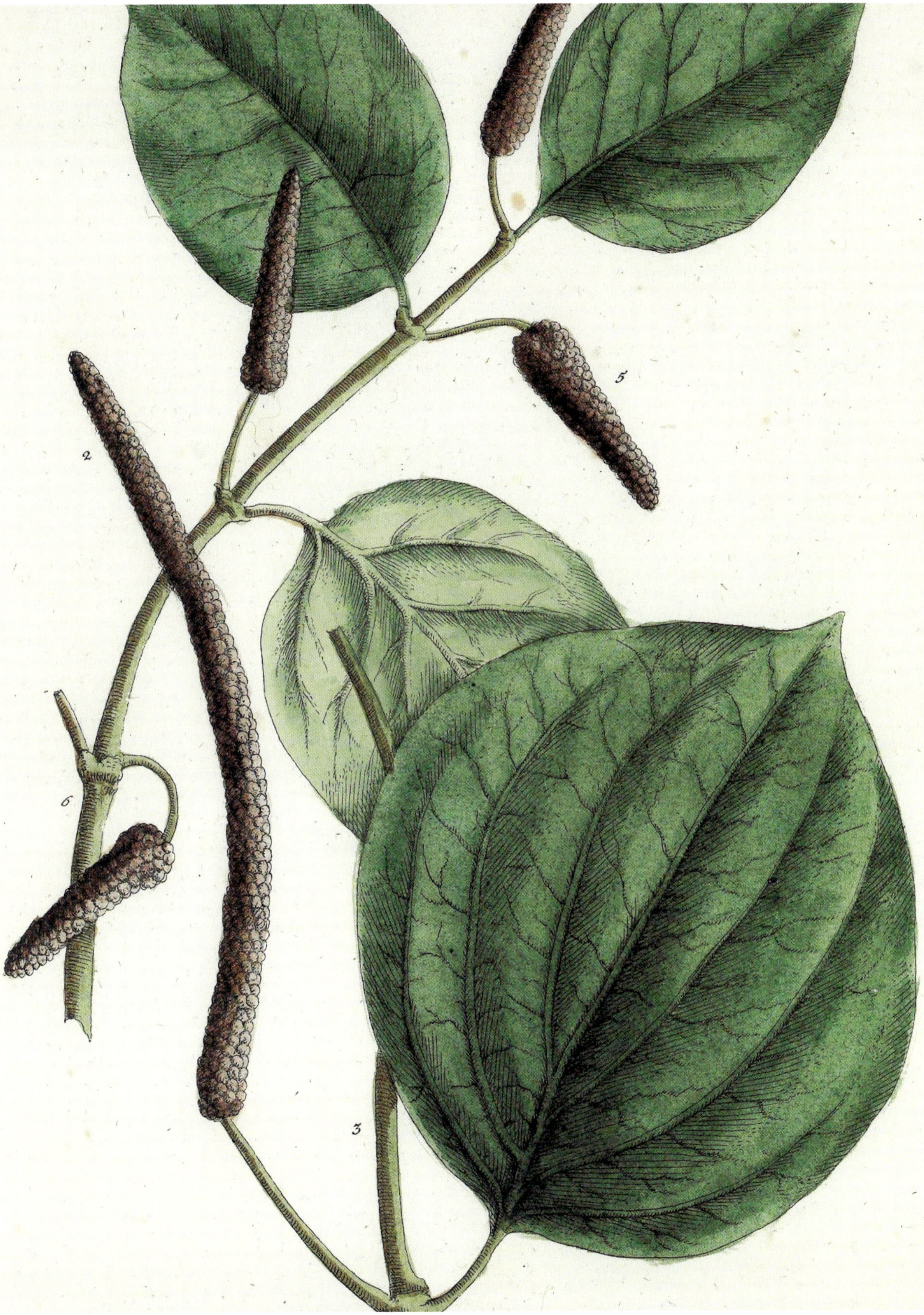

1
2
3
5
6

☞ Kardamom wird auch als Heilmittel bei Verdauungsbeschwerden geschätzt.

Szechuan-Pfeffer

Er wird aus den getrockneten Beeren des chinesischen Pfeffer-Gelbholzbaumes gewonnen. Vor allem in der westchinesischen Küche, die sich durch besondere Schärfe auszeichnet, hat er seinen Platz. Auch in Japan nimmt man ihn für Fisch- und Fleischgerichte. Kenner kaufen ganze Körner und rösten sie vor dem Zerreiben im Mörser kurz ohne Fett an.

Miso

Das ist neben der *Dashi-Brühe* ein Instantprodukt, das aus der japanischen Küche nicht wegzudenken ist. Während erstere aus Bonito-Flocken, das heißt getrocknetem Seefisch hergestellt wird, ist Miso eine vegetarische Paste aus fermentierten Sojabohnen und Reis. Beide würzen Suppen und Marinaden und erfordern wegen ihres hohen Salzgehaltes eine sparsame Dosierung.

Hoisin-Sauce

Sie ist neben der Sojasauce die bekannteste Würzsauce der asiatischen, und hier vor allem der chinesischen Küche. Auf der Basis von Sojabohnen nach traditionellem Grundrezept hergestellt, gibt es sie in verschiedenen Geschmacksrichtungen.

Kaffir-Limette

Für ein zitronig-frisches Aroma verwendet die Thai-Küche Schale und Blätter der Kaffir-Limette. Erstere wird fein gehackt und den Gerichten beigegeben. Die Blätter können entweder im Ganzen mitgekocht oder Teil einer südostasiatischen Curry-Paste sein.

Nori

So heißt das »Esspapier« aus Seetang, in das japanischer Sushi gewickelt wird. Die hauchdünnen schwarz-grünen Blätter müssen vor der Verarbeitung ohne Fett angeröstet werden, damit sie ihr volles Aroma entfalten.

Sambal oelek

Rote Chilisauce – selbst gemacht: 10 frische rote Chilies waschen, mit den Kernen in Ringe schneiden, dabei die Stiele entfernen. Mit 4 Esslöffel Sesamöl und Salz im elektrischen Mixer pürieren. Die Paste in einer Pfanne unter Rühren ca. 10 Minuten erhitzen, bis sich Öl auf der Oberfläche absetzt. Abkühlen lassen! Hält sich im Kühlschrank einige Zeit und kann zur Verstärkung der Schärfe in vielen asiatischen Saucen verwendet werden.

Chinesisches Fünf-Gewürze-Pulver

Diese Gewürzmischung, die man leicht selbst herstellen kann, verträgt sich gleichermaßen mit chinesischen Zubereitungen vom Huhn, von der Ente oder vom Schwein. Am besten schmeckt sie frisch im Mörser zubereitet, und zwar aus gleichen Teilen Sternanis, Gewürznelken, Fenchelsamen, Kassiarinde (eine Zimtart) und Szechuan-Pfeffer.

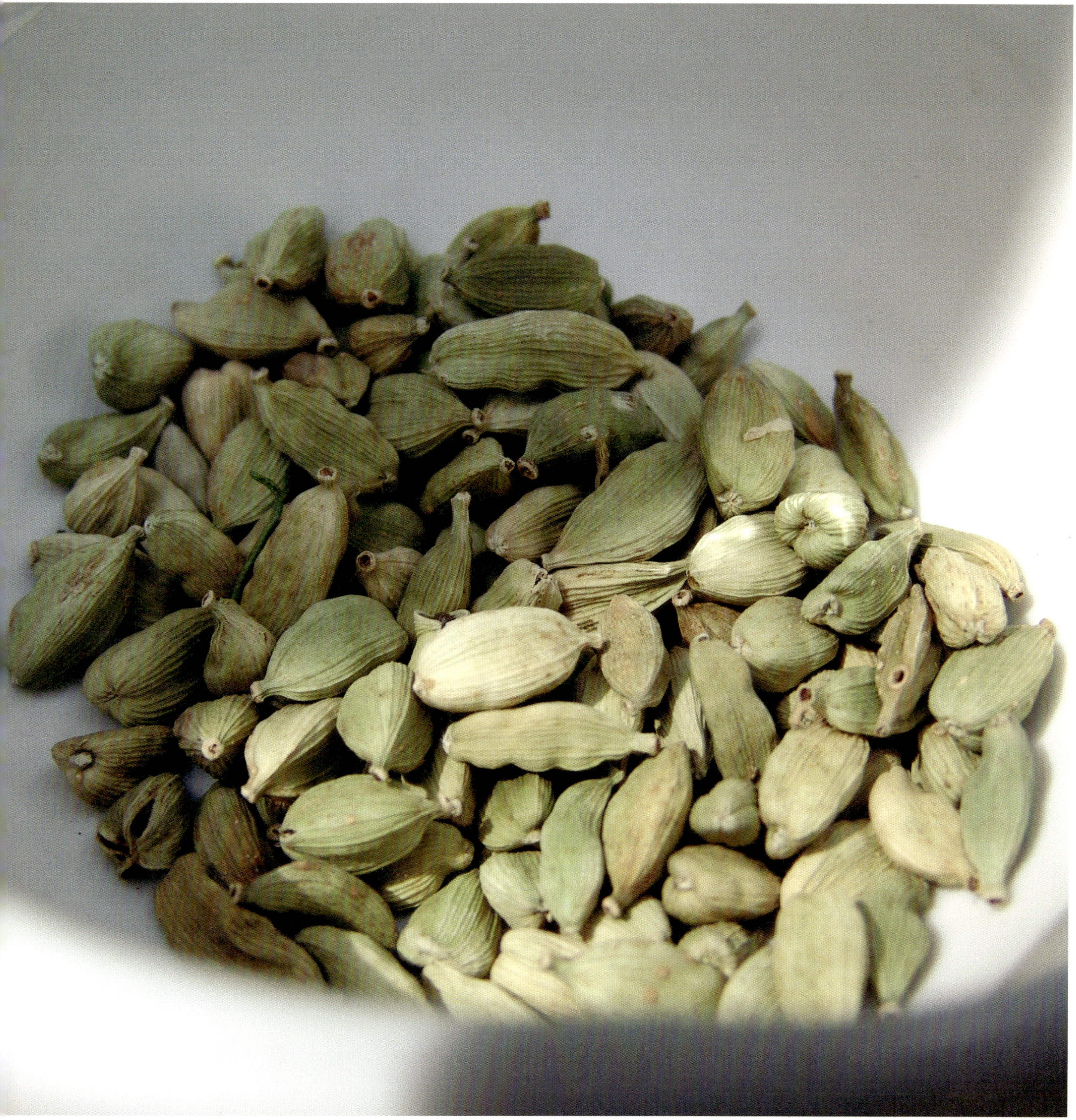

Vietnamesisches Zitronengras-Süppchen mit Hähncheneinlage

Zutaten für 4 Personen

650 ML GEMÜSEBRÜHE (SELBST GEMACHT ODER INSTANT)
1 GROSSE FENCHELKNOLLE
2 KNOBLAUCHZEHEN
1 STÜCKCHEN FRISCHER INGWER (2 CM)
2–3 WEISSE ZWIEBELN
2 ESSLÖFFEL SESAMÖL
1 KLEINE STANGE ZITRONENGRAS
1 DOSE KOKOSCREME (À 400 G)
2 FRÜHLINGSZWIEBELN
SALZ
CURRYPULVER
CHILIPULVER
2 SCHALOTTEN
1 STANGE STAUDENSELLERIE
1 KLEINE ORANGE
1 ESSLÖFFEL HONIG
CAYENNEPFEFFER
1 PRISE GETROCKNETER ESTRAGON
CA. 350 G HÄHNCHENBRUSTFILET

Zubereitung

Die Fenchelknolle putzen, den Strunk entfernen und 1/3 der Knolle für die Suppeneinlage beiseite legen. Den Rest und die geschälten Zwiebeln grob zerschneiden. Den Knoblauch schälen und pressen. Den Ingwer schälen und in Scheibchen zerteilen. Einen Teil davon ebenfalls zur Seite legen.

Zwiebeln, Knoblauch und Fenchel in 3 Esslöffel Sesamöl kurz andünsten.

Einen Teil der Ingwerscheibchen zusammen mit dem Zitronengras zum Gemüse geben, dann den Gemüsesud und die Kokoscreme einrühren. Mit Salz, Chili- und etwas Currypulver würzen; zugedeckt 45 Minuten leise simmern lassen. Dann durch ein feines Sieb gießen.

Nun die Schalotten schälen, den Sellerie und die Frühlingszwiebeln putzen. Von den Frühlingszwiebeln nur das Weiße verwenden und dieses in 5 mm dicke Ringe schneiden. Schalotten, Sellerie und den zurückbehaltenen Fenchel in kleine Würfel schneiden.

Die Orange schälen, die Filets aus den Trennwänden lösen und quer halbieren, den dabei austretenden Saft auffangen. Das Gemüse in 2 Esslöffel heißem Öl anschwitzen, einen Esslöffel Currypulver zugeben und etwas anrösten. Danach einen Esslöffel Honig, den restlichen Ingwer und die Orangenfilets hinzufügen. Mit Salz und Cayennepfeffer abschmecken, mit der Kokos-Gemüse-Flüssigkeit aufgießen und die Suppe etwa 10 Minuten auf kleiner Flamme kochen lassen.

Während dieses letzten Garens das Hähnchenfleisch in mundgerechte Stückchen zerteilen, in die Suppe gleiten und gar ziehen lassen. Zuletzt mit Estragon und Orangensaft würzen. Wer es gerne saurer mag, gibt einige Spritzer Limettensaft zu. Milder wird die Suppe, wenn man sie mit etwas süßer Sahne bindet.

Diese Suppe schmeckt auch als Hauptgang mit frischem Weißbrot nach einem langen Winterspaziergang!

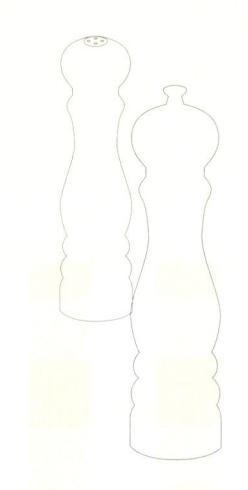

☞ Für Feinschmecker, die keinen Aufwand scheuen; lässt sich bis auf die Fleischeinlage vorbereiten.

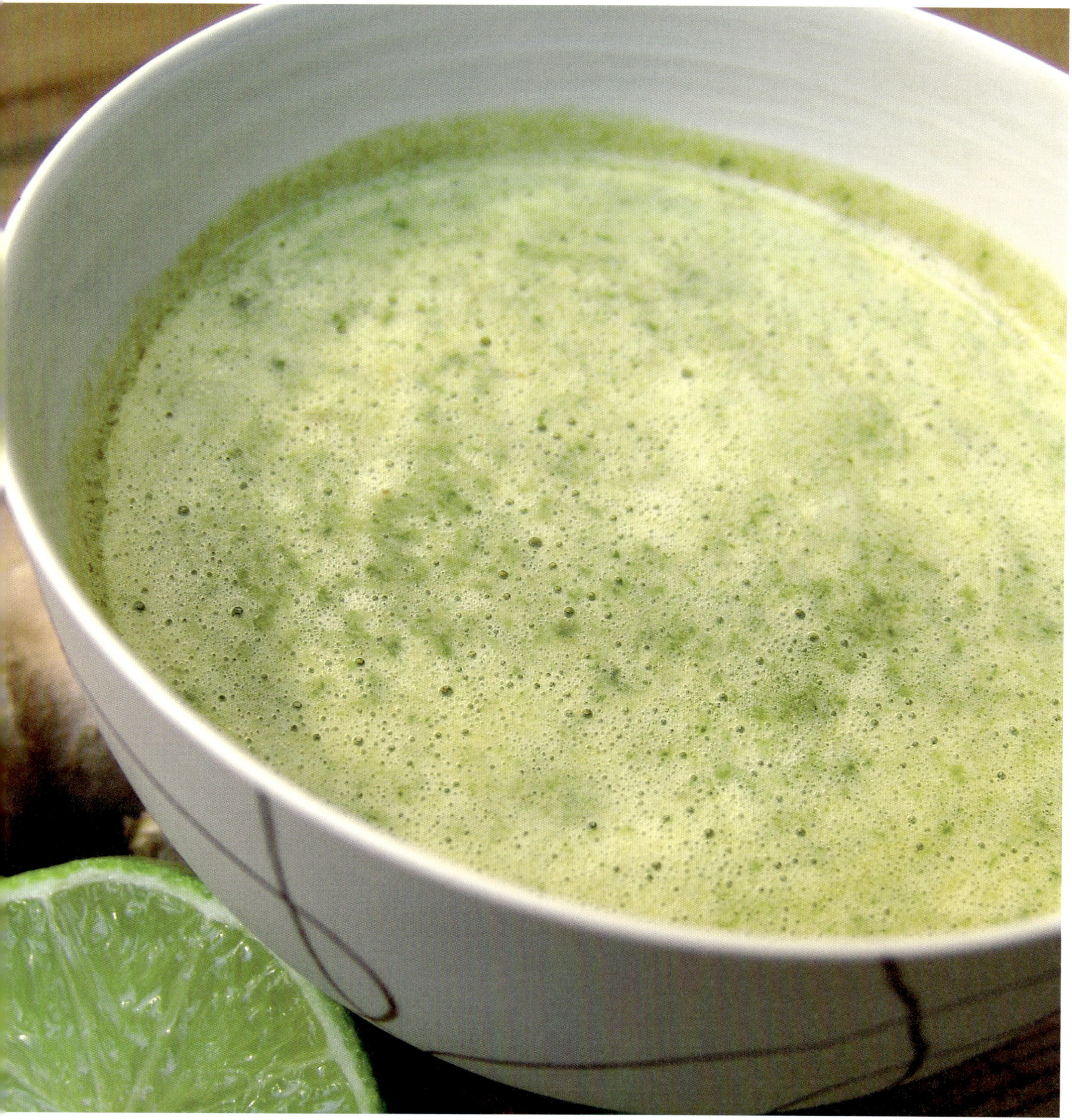

Indien –
Curry und Zimt

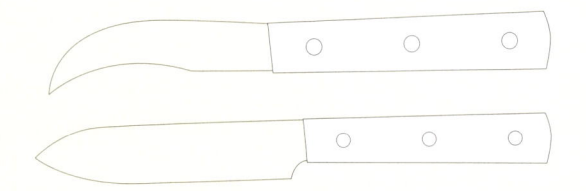

Wer an Indien und indisches Essen denkt, assoziiert unwillkürlich exotisch duftende Currys, würzige Fladenbrote, süße und salzige Joghurtdrinks, fremdländisch schmeckende Tees, aber auch Marktszenen mit Säcken voller Gewürze, die in ihrer Farbenfreude mit den Saris der vorbei eilenden Frauen wetteifern.

In der Tat ist der indische Subkontinent *das* Land der Gewürze: Muskatnuss, Ingwer und besonders der einst mit Gold aufgewogene Pfeffer sind in Indien beheimatet. Pfeffer hat den Lauf der Geschichte entscheidend beeinflusst, denn er war der wichtigste Grund für die Europäer, auf dem Seeweg in Richtung Osten aufzubrechen. Die Kolonialgeschichte gerade Indiens wäre sicher anders verlaufen, hätte der Handel mit dem kostbaren Pfeffer nicht eine solch dominante Rolle gespielt.

Die indische Küche selbst setzt dagegen auf Gewürz*vielfalt* und den verschwenderischen Umgang damit. Was viele Europäer nicht wissen: Indien ist ein großes Land mit Hochgebirgsregionen im Norden und tropischem Klima im Süden. Dies und die Vielfalt der nahezu einhundert verschiedenen Völker, die der 1-Milliarden-Staat in sich vereinigt, hat eine variantenreiche Kochkultur hervorgebracht. Hindus, Moslems, Juden und Christen unterliegen jeweils eigenen Ernährungsvorschriften. Rind- und Schweinefleisch sind für große Teile der Bevölkerung verboten, Lamm, Ziege und Geflügel erfreuen sich jedoch ausgesprochener Beliebtheit. Aber selbst bei dezidierten Fleischmahlzeiten und in wohlhabenden Familien sind die Fleischportionen klein. So ernähren sich viele Inder aus religiösen Gründen ganz oder zeitweise vegetarisch. Beim köstlichen Geschmack dieser abwechslungsreichen, oft mit Nüssen, immer aber mit reichlich Gewürzen verfeinerten Speisen würde jedoch niemand Fleisch oder Fisch vermissen.

Auch sind die regionalen Spielarten der indischen Küche reicher, als dies einschlägige Restaurants überall auf der Welt vermitteln. Dort wird nämlich überwiegend die nordindische Kochkunst – vornehmlich aus der Region Punjab nördlich von Delhi – zelebriert. Sie wurde stark geprägt von den Großmoguln, den Herrschern einer muslimischen Dynastie mongolischer Herkunft. Dieses indische Herr-

☞ Zimt gewinnt man aus der Rinde des Zimtbaumes. In Europa verwendet man ihn überwiegend für Süßspeisen.

Ihre Meinung ist uns wichtig!

Diese Karte lag in dem Buch:

___

Ihre Meinung zu diesem Titel:

___

Haben Sie dieses Buch
○ gekauft?
○ geschenkt bekommen?

Wie sind Sie auf diesen Titel gestoßen?
○ Buchbesprechung in:

___

○ Werbung / Anzeige in:

___

○ Verlagsprospekt
○ Entdeckung in der Buchhandlung
○ Internet
○ Empfehlung

Kannten Sie Thorbecke bereits?

___

Für welche Themen interessieren Sie sich?
○ Vor- und Frühgeschichte
○ Antike
○ Mittelalter
○ Neuzeit
○ Kulturgeschichte
○ Kunst / Kunstgeschichte
○ Fremde Länder, fremde Kulturen
○ Sachbücher
○ Geschichtswissenschaft
○ Illustrierte Bücher
○ Landeskunde Südwestdeutschland
○ sonstiges:

___

Mehr unter www.thorbecke.de.
Tel: 0711/4406-194, Fax: -199

scherhaus wurde 1526 begründet und bestand bis 1857. Ausgehend von Delhi, dem Sitz des Hofes, verbreitete sich die Esskultur der Moguln über weite Gebiete außerhalb ihres Machtbereiches. Viele der Speisen haben ihren Ursprung im Vorderen Orient, wie die persischen *pulaos*. Das sind Eintopfgerichte aus Reis mit verschiedenen Sorten Fleisch. Als weitere Besonderheit begleiten häufig Safran und Nüsse die ansonsten eher moderat gewürzten Gerichte. Die hier üblichen *kebabs*, gegrillte Fleischspieße oder Hackfleischbällchen mit gemahlenen Gewürzen, tragen dieselben orientalischen Züge. Das westindische Essen dagegen ist leicht, weil es seine Zutaten aus dem nahen Meer nimmt. In keiner Region ist der kulturelle Einfluss der europäischen Kolonialherren so deutlich spürbar wie hier. Toast konnte sich neben den herrlichen indischen Fladenbroten aus Weizenmehl und -schrot (*chapati*) oder aus Linsen- und Reismehl (*papadams*) wie auch den von Moslems bevorzugten *naans* und *rotis* aus gesäuertem Teig behaupten. Ein aus Goa, der ersten portugiesischen Handelsniederlassung an der indischen Malabarküste stammender feuriger Fleischeintopf (*vindaloo*) auf der Basis von Wein und Essig trägt demgegenüber die Handschrift des europäischen Seefahrervolkes. Ferner ist die große Tradition des Teetrinkens, der vor allem die Inder im Norden frönen, auf die 200 Jahre währende englische Kolonisation zurückzuführen.

In der Bengali-Küche Ostindiens wiederum ist die Nähe zu China vor allem bei der Verwendung der Gewürze spürbar. Nirgendwo sonst in Indien gibt es solch herrliche, mit Sternanis und Ingwer verfeinerte Fisch-Currys! In Südindien herrscht tropisch-heißes Klima. Die Menschen hier lieben vegetarische Currys (*dals* aus Hülsenfrüchten oder Linsen), die sie trotz der Hitze – oder gerade deshalb – mit feurigen Gewürzen verfeinern: Die scharfen Speisen wirken schweißtreibend, so dass der Körper die Wärme besser ertragen kann – ein erstaunlicher Beweis dafür, dass Würzzutaten Gesundheit und Vitalität des Menschen erhalten können. Typisch anzutreffende Aromen sind die von Kokosnuss oder -milch, Tamarinde, Chilies, Zimt, Curryblättern, Kardamom, Cashewkernen und Erdnüssen. Ebenfalls beliebt ist in Südindien die Verwendung von kleinen Mengen gerösteter oder gebackener Splittererbsen; mit ihrem nussigen Geschmack verfeinern sie viele Gerichte.

Als Geschmacksträger für Gewürz- sowie Essensaromen allgemein ist die Beschaffenheit und der Eigengeschmack der Fette nicht unerheblich: Im kühleren Nordindien bevorzugen die Köchinnen *ghee* – das ist geklärte Butter – zum Braten und Frittieren; im heißen Süden nehmen sie Kokosfett, da dort Kokospalmen auf ausgedehnten Plantagen wachsen. Überall in Indien bereichern exotische Früchte den Geschmack salziger und süßer Speisen. Sie verfeinern im pürierten Zustand erfrischende *lassis* (kalte Joghurtdrinks), können Currys andicken oder Bestandteil eines festlichen Desserts sein. Beliebt sind Mangos, Papayas, Granatäpfel, rote und gelbe Bananen. Aus Mangos lässt sich in unreifem Zustand ein feines Pulver herstellen, das eine gute Alternative zu Tamarinde und Zitronensaft bietet.

Erfrischend und würzig zugleich sind indische Spezialitäten wie Chutneys (süß-saure Würzpasten). Frische Kräuter, Trockenobst und Gewürze werden dabei meist mit einer säuerlichen Flüssigkeit verrührt. Sie kann von Limonen, manchmal auch aus zerdrückten Granatäpfeln stammen und trägt der indischen Diätetik Rechnung, wonach es der Gesundheit gut tut, täglich etwas Saures zu sich zu nehmen. Chutneys werden zu frittierten Vorspeisen genossen, passen aber auch zu gegrilltem Fleisch. Sie sind durch die Kräuter- und Gewürzbeigaben oft sehr farbenfroh und sprechen durch ihren Duft alle Sinne an. Fehlen Chutneys bei einem indischen Essen, dann gibt es appetitanregende Salate (*cachumber*) oder kühlende *raitas* auf Joghurtbasis, die man auch zum Dippen nehmen kann. Der Joghurt wird hierzu leicht aufgeschlagen und mit gekochtem Gemüse angereichert. Nicht fehlen darf die Würze aus Koriandergrün, Kreuzkümmel, Chili- oder Paprikapulver und einer Prise Zucker. *Raitas* gelten als kühlende Speisen und kommen in den Monsunmonaten abends nicht auf den Tisch.

In Indien isst man wie überall auf der Welt, um seine Kräfte zu erhalten sowie Gemeinschaft und Sinnenfreude zu erleben. In keinem anderen Kulturkreis jedoch dient die

104

Ernährung so entschieden auch dazu, dem Menschen körperliche und geistige Ausgeglichenheit – und somit Gesundheit – zu verleihen. Die sorgfältige Auswahl frischer Zutaten trägt dazu bei, aber auch das fachkundige Wissen darum, welche Gewürze und Kräuter zusammenpassen und wie sie zusammenwirken.

Uralte Grundlage für dieses tradierte Wissen liefert die altindische Ayurveda-Medizin (Sanskrit: Ayu = Leben; Veda = Wissenschaft). Das ayurvedische Gedankensystem beschränkt sich nicht auf die Medizin, sondern bezieht alle Lebensbereiche des Menschen mit ein. Es erklärt den Sinn des Lebens, die Bedeutung von geistiger und körperlicher Vitalität und die ethischen Verhaltensweisen, die zu einem gesunden Leben gehören. Ziel ist es, den Körper in guter Verfassung zu erhalten und dem Leben so viel Qualität zu geben, dass der Mensch sich darin weiterentwickeln kann. Körper, Geist und Seele müssen hierzu in harmonischem Einklang sein, weshalb auch körperliche Reinheit und meditative Körperübungen (*yoga*) unverzichtbar sind.

Die Menschen werden der ayurvedischen Lehre gemäß – ähnlich der galenischen der Spätantike – in Konstitutionstypen eingeteilt. Sie entsprechen den Elementen Luft, Feuer und Wasser und heißen in Sanskrit *vata*, *pitta* und *kapha*. Auf bildhafte Weise stehen sie für Körpersäfte des Menschen, die durch Ungleichgewicht Krankheiten hervorrufen können. Die Therapie eines Kranken setzt demzufolge bei dem an, was er täglich zu sich nimmt: seiner Nahrung. Die Geschmacksempfindungen süß, salzig, scharf, bitter und herb, in Sanskrit *rasa* genannt, können die Körpersäfte vermehren oder vermindern. Lebensmittel mit der geeigneten Wirkung können also gezielt Wohlbefinden und/oder Heilung herbeiführen.

Folgende Gewürze sind unverzichtbar für den Geschmack und die heilkräftige Wirkung indischer Gerichte:

Zimt

Dieses feinaromatische, im Geschmack leicht süßliche Gewürz ist in Sri Lanka beheimatet. Zimt ist weltweit eines der ältesten Gewürze und wird bereits in altindischen Texten und in der Bibel erwähnt. Das eigentliche Gewürz wird aus der Baumrinde des immergrünen Zimtbaumes gewonnen, die man einfach abschält. In den meisten europäischen Ländern ist die Verwendung von Zimt – ob gemahlen oder als Zimtstangen – auf Kuchen und Süßspeisen beschränkt. In manchen indischen Currys hat Zimt selbstverständlich seinen Platz, er würzt aber auch süße Reisdesserts.

Curry

Currypulver, wie man es in Europa kennt, ist eine Erfindung aus Madras. Es wurde für den Export nach England hergestellt, um jene zu versorgen, die aus den indischen Kolonien heimgekehrt und nun »süchtig« nach den vertrauten Gewürzmischungen waren. Eine derartig standardisierte Mischung, wie es das Currypulver westeuropäischer Supermärkte darstellt, gibt es auf dem indischen Subkontinent wohl kaum; vielmehr mischt jede Region, jeder Gewürzhändler und jede Köchin die Einzelzutaten ganz individuell. Mischungen aus den heißen Landesteilen enthalten mehr feurig-scharfe *Chilies*. Mischungen aus Madras, Mysore und Goa sind zum Beispiel alle sehr scharf, während solche aus nördlichen Gebieten aromatisch-warme Zutaten enthalten. Unser europäisches »Curry« besteht meist aus einer gemahlenen Mischung aus *Kurkuma, Korianderkörnern, Bockshornkleesamen, Ingwer, schwarzem Pfeffer, Kreuzkümmel* und *schwarzen Senfkörnern*. Die oft sehr unterschiedliche Qualität der Gewürzmischung hängt von derjenigen der Zutaten ab, zuvorderst aber von deren Frische! In großen, vornehmen indischen Haushalten oder Restaurants gibt es noch heute einen *masaalchi*, einen Hausangestellten, der nur für das immer wieder frische Mahlen der Gewürzmischungen zuständig ist.

Garam masala

Eine typische Gewürzmischung, die indische Hausfrauen natürlich selbst zubereiten und mischen. Diese nordindische Kombination aus *schwarzem Pfeffer, Kreuzkümmel, Macis, Korianderkörnern, Kardamomkapseln, Zimtstangen, Lorbeerblättern* und *Gewürznelken* wird im Gegensatz zu anderen Curry-Mischungen über das fertige Gericht gestreut. Die vorher angerösteten Zutaten geben dem Essen ein – wie der Name *garam* sagt – wärmendes Aroma.

Koriander-Baghar

Baghar oder *tadka* nennt man Gewürzmischungen, die in heißem *ghee* oder in Senföl angebraten werden, damit sie ihr Aroma entfalten. Diese heiße Mischung wird über ein Gericht gegossen oder untergerührt: Salate, *raitas* oder *dals* – Gerichte aus Hülsenfrüchten – kommen dabei in Frage. Ein *Koriander-Baghar* stellt man aus *Kreuzkümmel, Zwiebeln* und fein gehacktem *Koriandergrün* her. Alle Zutaten werden kurz vor Gebrauch in Senföl geröstet.

Tandoori-Masala

Diese Gewürzmischung lässt sich sehr leicht selbst herstellen und zwar aus 1 Esslöffel Paprikapulver, 1 Teelöffel *Garam masala* (siehe oben), 1/2 Teelöffel gehacktem Knoblauch, 1/2 Teelöffel Chilipulver, 1/2 Teelöffel Ingwerpulver und 1/2 Teelöffel Salz. Die Gewürzmischung wird mit Joghurt vermischt und zum Marinieren von Fleisch und Gemüse verwendet. Als bekanntestes Gericht darf das Tandoori-Huhn gelten, welches gegrillt das warme Aroma der Gewürzzutaten entfaltet.

☞ Jedes Currypulver ist anders zusammengesetzt und besteht aus einer Vielzahl von Gewürzen, unter anderem aus Kardamom.

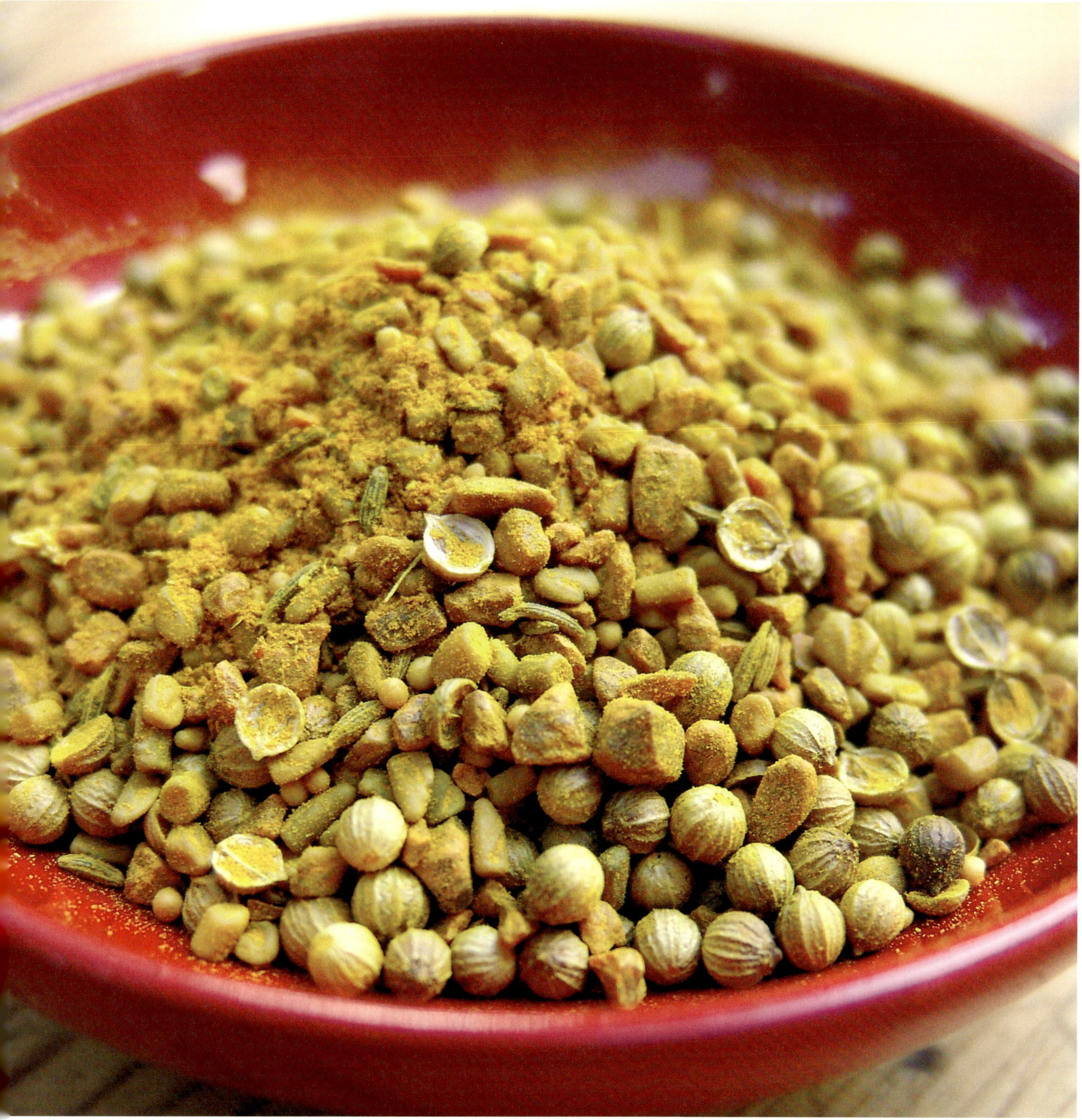

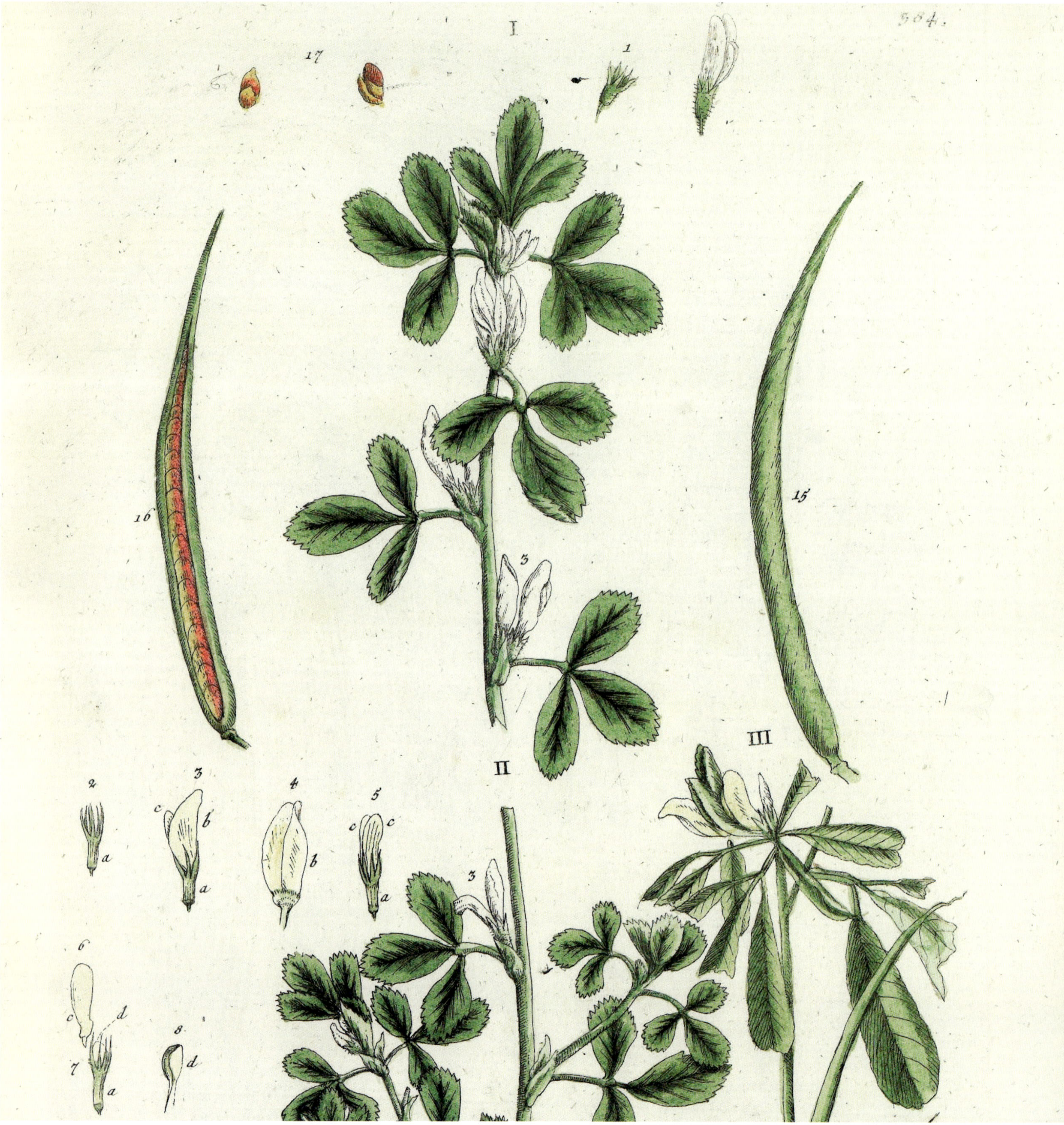
384.
I
II
III
1
2
3
4
5
6
7
8
15
16
17

☞ Bockshornkleesamen sind unverzichtbar für manche indische Currys.

Chat Masala

Vor allem in Salaten und Chutneys findet diese aus *schwarzem Pfeffer*, *Chilipulver*, *Salz*, *Mangopulver*, *Garam Masala* und *Kreuzkümmel* bestehende Mischung Verwendung. Besonders im Sommer gibt sie den Speisen eine frisch-säuerliche Geschmacksnote.

Ajwain

Die gemahlenen Samen dieses südindischen Doldengewächses haben einen intensiven thymianartigen Geschmack. Auf den Fladenbroten *naan* und *pakora* ist das Gewürz hauptsächlich anzutreffen. Es fördert die Verdauung, hilft bei Bauchschmerzen und Blähungen. Aus medizinischen und kulinarischen Gründen ist es das ideale Würzmittel für Hülsenfrüchte und stärkehaltige Lebensmittel.

Kurkuma (Gelbwurz)

Das geriebene Pulver der Gelbwurz ist ein wichtiger Bestandteil vieler Currys und erfreut neben dem Gaumen auch das Auge mit seiner leuchtend gelben Farbe. Im heimatlichen Indien wird Kurkuma auch frisch verwendet. In der ayurvedischen Medizin gilt Kurkuma als harntreibend, entzündungshemmend und wirksam gegen Hautkrankheiten.

Grüner Kardamom

Nach Safran ist er das teuerste Gewürz der Welt. Die kostbarste Sorte wird direkt an der indischen Malabar-Küste geerntet. Grüner Kardamom ist Teil vieler Gewürzmischungen und darüber hinaus ein geschätztes Heilmittel gegen Verdauungsbeschwerden, Mundgeruch und Nervosität. Seine ätherischen Öle wirken zudem befreiend auf die Bronchien.

Kreuzkümmel (Cumin)

Er ist in fast allen indischen Gerichten enthalten. Man kann ihn im Ganzen oder gemahlen verwenden – immer entfaltet er sein angenehmes Aroma. Als Appetitanreger trinkt man gerösteten Kreuzkümmel mit einem Glas Wasser vor dem Essen. Das Öl des Gewürzes findet sich deshalb auch in Magen- und Bitterlikören.

Bockshornklee

Die grünen Blätter und Samen der Pflanze sind unverzichtbar für die indischen Currys. Bockshornklee wirkt entzündungshemmend bei Wunden, er reinigt und begünstigt den Heilungsprozess. Bei Geschwülsten, Geschwüren und Fistelbildung, aber auch bei Hämorrhoiden sind Umschläge mit seinem Samen wirksam.

Lamm mit Kardamom

Zutaten für 6 Personen

1 KG LAMMFLEISCH AUS DER SCHULTER, GROB GEWÜRFELT
125 ML SAHNEJOGHURT
125 ML ÖL ODER GHEE (GIBT ES IM INDISCHEN FEINKOSTLADEN)
10 GRÜNE KARDAMOMKAPSELN
6 ESSLÖFFEL KORIANDERKÖRNER
4 ESSLÖFFEL KREUZKÜMMELSAMEN
10 GEWÜRZNELKEN
1 ESSLÖFFEL SCHWARZE PFEFFERKÖRNER
3 GETROCKNETE LORBEERBLÄTTER
1 ZIMTSTANGE
1 ESSLÖFFEL GEMAHLENE MACIS
2 TEELÖFFEL FRISCH GEMAHLENER SCHWARZER PFEFFER
1 TEELÖFFEL GEMAHLENE GELBWURZ
1 TEELÖFFEL CHILIPULVER
2 TEELÖFFEL GEMAHLENER KORIANDER
3 MITTELGROßE TOMATEN, FEIN GEHACKT
3–4 TEELÖFFEL SALZ

Zubereitung

Lammfleisch abspülen und trocken tupfen. Den Joghurt mit einem Schneebesen in einer Schüssel aufschlagen.
Die grünen Kardamomkapseln mit einigen Tropfen Wasser im Mixer pürieren oder in einer Gewürzmühle mahlen (authentisch!).
In einem schweren Topf das Öl erhitzen. Die Kardamompaste und den Pfeffer darin bei niedriger Temperatur anschwitzen. Das dauert 2–3 Minuten. Das Fleisch mit Gelbwurz, Chilipulver und Koriander zugeben und unter ständigem Wenden 10 Minuten anbraten. Dabei darauf achten, dass nichts am Topfboden ansetzt. Eventuell etwas Wasser zugeben.
Bei geringer Hitze Joghurt, Tomaten und Salz zufügen und unter ständigem Rühren 5 Minuten schmoren lassen. Mit einem Liter Wasser aufgießen; 1,5 Stunden bei mittlerer Wärmezufuhr gar kochen.
Dazu passen indischer Duftreis oder einfach *chapati*-Brotfladen!
Das Geheimnis dieses Gerichts liegt darin, dass Fleisch und Gewürze ganze 10 Minuten angebraten werden müssen, ohne dass Letztere bei zu hoher Temperatur bitter werden oder anbrennen dürfen.

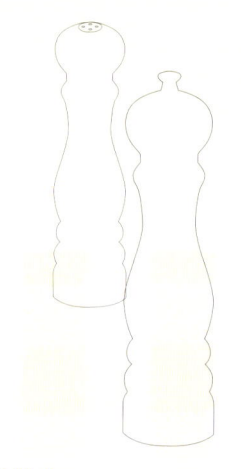

☞ Für Liebhaber der indischen Küche.

BILDNACHWEIS

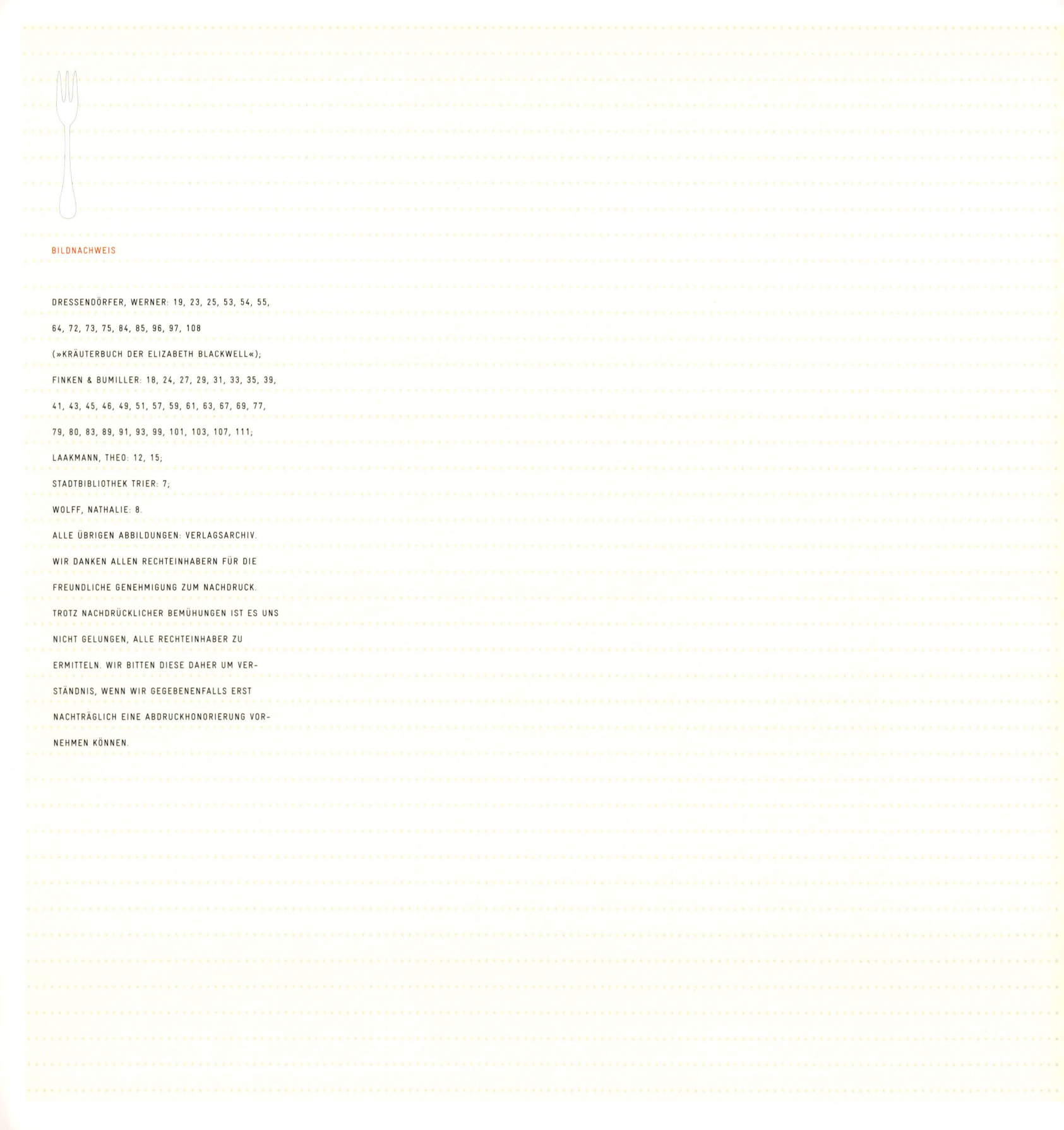

DRESSENDÖRFER, WERNER: 19, 23, 25, 53, 54, 55, 64, 72, 73, 75, 84, 85, 96, 97, 108 (»KRÄUTERBUCH DER ELIZABETH BLACKWELL«);

FINKEN & BUMILLER: 18, 24, 27, 29, 31, 33, 35, 39, 41, 43, 45, 46, 49, 51, 57, 59, 61, 63, 67, 69, 77, 79, 80, 83, 89, 91, 93, 99, 101, 103, 107, 111;

LAAKMANN, THEO: 12, 15;

STADTBIBLIOTHEK TRIER: 7;

WOLFF, NATHALIE: 8.

ALLE ÜBRIGEN ABBILDUNGEN: VERLAGSARCHIV. WIR DANKEN ALLEN RECHTEINHABERN FÜR DIE FREUNDLICHE GENEHMIGUNG ZUM NACHDRUCK. TROTZ NACHDRÜCKLICHER BEMÜHUNGEN IST ES UNS NICHT GELUNGEN, ALLE RECHTEINHABER ZU ERMITTELN. WIR BITTEN DIESE DAHER UM VERSTÄNDNIS, WENN WIR GEGEBENENFALLS ERST NACHTRÄGLICH EINE ABDRUCKHONORIERUNG VORNEHMEN KÖNNEN.